# RECUEIL

DE

# VERSIONS LATINES

A L'USAGE DES

## CLASSES ÉLÉMENTAIRES

(Septième, Sixième, Cinquième)

---

CHOIX DE MORCEAUX EXTRAITS DES MEILLEURS

AUTEURS LATINS

AVEC DES NOTICES BIOGRAPHIQUES

PAR

## HENRY CHAPOY

Ancien professeur de Rhétorique.

EDOUARD BALTENWECK, EDITEUR

7, RUE HONORÉ-CHEVALIER, PARIS.

# RECUEIL

## DE

# VERSIONS LATINES

Coulommiers. — Typ. ALBERT PONSOT et P. BRODARD

# RECUEIL

## DE

# VERSIONS LATINES

A L'USAGE

## DES CLASSES ÉLÉMENTAIRES

(Septième, Sixième, Cinquième)

CHOIX DE MORCEAUX EXTRAITS DES MEILLEURS

AUTEURS LATINS

AVEC DES NOTICES BIOGRAPHIQUES

PAR

# HENRI CHAPOY

Ancien professeur de Rhétorique.

Il faut forger la teste de l'enfant en la
meublant,..... faire une teste bien aicte
plutôt encore que bien pleine.
MONTAIGNE.

# PARIS

## ÉDOUARD BALTENWECK, ÉDITEUR

SUCCESSEUR DE J. ALBANEL

7, RUE HONORÉ-CHEVALIER, 7

1876

# PRÉFACE

—

Nous publions aujourd'hui le premier volume
de nos recueils de versions latines. Il s'adresse
aux classes élémentaires (7e, 6e, 5e).

En faisant ce travail, nous avons eu pour
but d'être utile aux professeurs et aux élèves :
— aux professeurs, car ils n'ont pas toujours
sous la main le livre dans lequel ils désireraient
puiser ; ils n'ont pas toujours dans leur cabinet
d'étude le temps de faire des recherches de ce
genre puisque la plupart de leurs moments sont
absorbés par la correction des devoirs, la prépara-
tion des classes, les répétitions particulières, etc.;
— aux élèves, qui auront ainsi entre les mains
des morceaux choisis des auteurs latins, un com-
pendium d'exercices s'élevant aussi graduelle-
ment que possible jusqu'aux difficultés de la
version du baccalauréat.

On nous objectera que la version dictée est
toujours plus profitable qu'une explication sur

un texte imprimé. C'est vrai, mais à condition que le professeur aura examiné attentivement et n'aura pas pris un peu au hasard le passage à traduire. Ensuite, aura-t-il toujours les instants nécessaires pour bien dicter le devoir? Et si les élèves rentrent à l'étude avec un texte incomplet ou incorrect, que de dérangements! de pertes de temps! que d'ennuis pour les surveillants, pour les professeurs à la classe desquels les élèves arrivent avec des devoirs mal faits ou même non faits. — Quant à la version dictée au baccalauréat, le jour venu, elle sera bien écrite et bien traduite par des élèves qui pendant cinq ou six années auront écrit, fait deux ou trois versions dictées par mois, et expliqué un grand nombre de pages d'auteurs latins imprimées.

Pour cette humble publication, nous avons consulté plusieurs textes recommandables : les collections Panckouke, Lemaire, Nisard et souvent des éditions spéciales; c'est dire le soin que nous avons donné à cette partie de notre travail.

Durant toutes nos recherches, nous avons eu présent à l'esprit le mot de Juvénal : « Maxima debetur puero reverentia, » et cet autre de Montaigne : « Il faut forger la teste de l'enfant en la meublant, faire une teste bien faicte plutôt encore que bien pleine. » Ces recueils en effet ne sont pas seulement des versions à expliquer, mais encore des morceaux choisis à apprendre.

Aussi ne nous sommes-nous adressé qu'aux auteurs vraiment latins, remontant jusqu'au siècle de Plaute, et ne descendant pas plus bas que le IVe siècle après J.-C. Si même nous devons quelques pages aux écrivains de ce dernier siècle, ce n'est qu'aux Pères de l'Église latine. En eux, certes, on l'admettra, la langue de Rome a brillé d'un éclat qui honorerait beaucoup d'auteurs de l'époque immédiatement postérieure à Auguste. En un mot, nous avons voulu servir aux élèves pour la formation de leur cœur et le développement de leur intelligence.

Le premier volume renferme un grand nombre d'anecdotes, mais sans détriment pour l'histoire et la morale qui nous ont fourni des sujets de traduction en rapport avec les connaissances acquises et l'intelligence des enfants.

Notre tentative de graduer les versions d'après leurs degrés de difficulté, ne pouvait aboutir à une classification entièrement satisfaisante pour tous. Messieurs les professeurs jugeront de ce qui conviendra le mieux à leurs élèves.

Cette première partie de nos recueils se termine par une table alphabétique où nous avons essayé de jeter les grands traits de la vie des écrivains latins cités dans le volume, et indiqué leurs principaux ouvrages. Les jeunes gens liront ces courtes notices qui leur feront connaître sans effort les illustrations de la Rome littéraire.

Que tous ceux qui nous ont aidé de leurs conseils et de leurs travaux, acceptent nos remercîments et en particulier notre éditeur et ami M. Ed. Baltenweck. Le soin qu'il apporte à la publication des classiques est une garantie de l'intérêt qu'il prend à tout ce qui se rattache à l'enseignement.

Henri CHAPOY.

Paris, 1ᵉʳ février 1876.

# RECUEIL

## DE

# VERSIONS LATINES

## CLASSE DE SEPTIÈME

### PREMIÈRE PARTIE

#### HISTOIRE ET GÉOGRAPHIE.

## I

### Le buisson ardent.

Moyses pascebat oves Jethro soceri sui sacerdotis
Madian : cumque minasset gregem ad interiora
deserti, venit ad montem Dei Horeb, apparuitque ei
Dominus in flamma ignis de medio rubi : et videbat
quod rubus arderet, et non comburetur. Dixit ergo
Moyses : « Vadam, et videbo visionem hanc magnam, quare non comburatur rubus. » Cernens autem
Dominus quod pergeret ad videndum, vocavit eum
de medio rubi, et ait : « Moyses, Moyses. » — Qui
respondit : « Adsum. » — At ille : « Ne appropies,
inquit, huc : solve calceamentum de pedibus tuis :
locus enim, in quo stas, terra sancta est. » — Et
ait : « Ego sum Deus patris tui, Deus Abraham,

Deus Isaac et Deus Jacob.» — Abscondit Moyses faciem suam : non enim audebat aspicere contra Deum.

St Jérôme. Biblia sacra vulg. edit.
Exode, ch. 3, versets 1-7.

## II

### Moïse pendant le combat des Israélites contre les Amalécites.

Venit autem Amalec, et pugnabat contra Israël. Dixitque Moyses ad Josue : « Elige viros : et egressus, pugna contra Amalec : cras ego stabo in vertice collis, habens virgam Dei in manu mea. » Fecit Josue ut locutus erat Moyses, et pugnavit contra Amalec : Moyses autem et Aaron, et Hur ascenderunt super verticem collis, cumque levaret Moyses manus, vincebat Israël : sin autem paululum remisisset, superabat Amalec. Manus autem Moysi erant graves : sumentes igitur lapidem, posuerunt subter eum in quo sedit : Aaron autem et Hur sustentabant manus ejus ex utraque parte. Et factum est ut manus illius non lassarentur usque ad occasum solis, fugavitque Josue Amalec et populum ejus.

St. Jérôme. Biblia sacra vulg. edit.
Exode, ch. 17, versets 8-13.

## III

### Visite de la reine de Saba à Salomon.

Regina Saba, audita fama Salomonis in nomine Domini, venit tentare eum in aenigmatibus. Et ingressa Jerusalem multo cum comitatu et divitiis, camelis portantibus aromata, et aurum infinitum nimis, et gemmas pretiosas, venit ad regem Salomonem, et locuta est ei universa quæ habebat in corde suo. Et docuit eam Salomon omnia verba quæ proposuerat : non fuit sermo, qui regem posset latere et non responderet ei. Videns autem regina Saba omnem sapientiam Salomonis et domum quam ædificaverat, et cibos mensæ ejus, et habitacula servorum et ordines ministrantium , vestesque eorum et pincernas et holocausta quæ offerebat in domo Domini, non habebat ultra spiritum. Dixitque ad regem : « Verus est sermo quem audivi in terra mea super sermonibus tuis et super sapientia tua : non credebam narrantibus mihi donec ipsa veni et vidi oculis meis, et probavi quod media pars mihi nuntiata non fuerit : major est sapientia et opera tua quam rumor quem audivi. »

St Jérôme. Les Rois, livre III, ch. x, versets 1-8.

## IV

### David et Goliath.

I. — Induit Saül David vestimentis suis, et imposuit galeam æream super caput ejus, et vestivit eum lorica. Accinctus ergo David gladio ejus super vestem suam, cœpit tentare si armatus posset incedere : non enim habebat consuetudinem. Dixitque David ad Saül : « Non possum sic incedere quia non usum habeo. » Et deposuit ea, et tulit baculum suum quem semper habebat in manibus : et elegit

sibi quinque limpidissimos lapides de torrente, et
misit eos in peram pastoralem, quam habebat secum,
et fundam manu tulit : et processit adversum Philistæum. Ibat autem Philistæus incedens et appro-
pinquans adversum David et armiger ejus ante eum.
Cumque inspexisset Philistæus, et vidisset David,
despexit eum. Erat enim adolescens, rufus et pul-
cher aspectu.

II. — Et dixit Philistæus ad David : « Numquid
ego canis sum, quod tu venis ad me cum baculo ? »
Et maledixit Philistæus David in diis suis, dixitque
ad David : « Veni ad me, et dabo carnes tuas vola-
tilibus cœli et bestiis terræ. » Dixit autem David
ad Philistæum : « Tu venis ad me cum gladio, et
hasta, et clypeo; ego autem venio ad te nomine
Domini exercituum, Dei agminum Israël, quibus
exprobrâsti, hodie et dabit te Dominus in manu
mea et percutiam te, et auferam caput tuum a te,
et dabo cadavera castrorum Philistæorum hodie vo-
latilibus cœli, et bestiis terræ ut sciat omnis terra
quia est Deus in Israël. »

III. — Cum surrexisset Philistæus et veniret et
appropinquaret contra David, festinavit David, et
cucurrit ad pugnam ex adverso Philistæi, et misit
manum suam in peram tulitque unum lapidem, et
funda jecit et circumducens percussit Philistæum
in fronte, et infixus est lapis in fronte ejus, et cecidit in faciem suam super terram. Prævaluit David
adversum Philistæum in funda et lapide, percus-
sumque Philistæum interfecit. Cumque gladium non
haberet in manu David, cucurrit et stetit super Philistæum et tulit gladium ejus, et eduxit eum de

vagina sua, et interfecit eum, præciditque caput
ejus. Videntes autem Philistæi quod mortuus esset
fortissimus eorum, fugerunt.

St Jérôme. Biblia sacra vulg. edit.
Les Rois, liv. I, ch. 17, versets 38-52.

# V

### Couronnement de Joas et mort d'Athalie.

I. — Fecerunt centuriones omnia quæ præceperat
eis Joiada sacerdos, et assumentes singuli viros suos
qui ingrediebantur sabbatum cum his qui egredie-
bantur sabbato, venerunt ad Joiadam sacerdotem.
Qui dedit eis hastas et arma regis David, quæ erant
in domo Domini. Et steterunt singuli habentes arma
in manu sua a parte templi dextera, usque ad partem sinistram altaris et ædis, circum regem. Pro-
duxitque filium regis et posuit super eum diadema
et testimonium : feceruntque eum regem et unxe-
runt et plaudentes manu, dixerunt : « Vivat rex. »

II. — Audivit autem Athalia vocem populi curren-
tis, et ingressa ad turbas in templum Domini, vidit
regem stantem super tribunal juxta morem, et cantores, et tubas prope eum, omnemque populum terræ
lætantem, et canentem tubis, et scidit vestimenta sua
clamavitque : « Conjuratio, conjuratio. » Præcepit
autem Joiada centurionibus qui erant super exerci-
tum, et ait eis : « Educite eam extra septa templi, et
quicumque eam secutus fuerit, feriatur gladio. »
Dixerat enim sacerdos : « Non occidatur in templo
Domini. » Imposuerunt ei manus et impegerunt

eam per viam introitus equorum juxta palatium et interfecta est ibi.

St Jérôme. Biblia sacra vulg. edit.
Les Rois, liv. IV, ch. xi, versets 9-17.

## VI

### Regrets des Juifs captifs à Babylone.

Super flumina Babylonis, illic sedimus et flevimus, cum recordaremur Sion. In salicibus, in medio ejus, suspendimus organa nostra. Quia illic interrogaverunt nos, qui captivos duxerunt nos, verba cantionum; et qui adduxerunt nos : « Hymnum cantate de canticis Sion. » — Quomodo cantabimus canticum Domini in terra aliena ? Si oblitus fuero tui, Jerusalem, oblivioni detur dextera mea. Adhæreat lingua mea faucibus meis, si non meminero tui, si non proposuero Jerusalem, in principio lætitiæ meæ.

St. Jérôme. Biblia sacra vulg. edit.
Livre des Psaumes. Ps. 136, versets 1-7.

## VII

### La Pentecôte.

Cum complerentur dies Pentecostes, erant omnes [apostoli] pariter in eodem loco ; et factus est repente de cœlo sonus, tanquam advenientis spiritus vehementis, et replevit totam domum ubi erant sedentes. Et apparuerunt illis dispertitæ linguæ, tanquam ignis, seditque supra singulos eorum : et repleti sunt omnes Spiritu sancto ; et cœperunt loqui variis linguis, prout Spiritus sanctus dabat eloqui

illis. Erant autem in Jerusalem habitantes Judæi,
viri religiosi ex omni natione quæ sub cœlo est.
Facta autem hac voce, convenit multitudo, et mente
confusa est, quoniam audiebat unusquisque lingua
sua illos loquentes. Stupebant autem omnes, et
mirabantur, dicentes : « Nonne ecce omnes qui
loquuntur, Galilæi sunt? et quomodo nos audivimus unusquisque linguam nostram, in qua nati
sumus? Parthi et Medi, et Ælamitæ, et qui habitant
Mesopotamiam, Judæam et Cappadociam, Pontum
et Asiam, Phrygiam et Pamphyliam, Ægyptum et
partes Lybiæ quæ est circa Cyrenen, et advenæ romani, Judæi quoque, et proselyti, Cretes et Arabes,
audivimus eos loquentes nostris linguis magnalia Dei.

St. Jérôme. Novum Test. vulg. edit.
Actus apostolorum, ch. ii, versets 1-12.

# VIII

### Les dix lépreux.

Cum Jesus ingrederetur quoddam castellum,
occurrerunt ei decem viri leprosi, qui steterunt a
longe, et levaverunt vocem, dicentes : « Jesu præ-
ceptor, miserere nostrî. » — Quos ut vidit, dixit :
« Ite, ostendite vos sacerdotibus. » Et factum est,
dum irent, mundati sunt. Unus autem ex his, ut
vidit quia mundatus est, regressus est, cum magna
voce magnificans Deum. Et cecidit in faciem ante
pedes illius, gratias agens; et hic erat Samaritanus.
Respondens autem Jesus, dixit : « Nonne decem
mundati sunt? et novem ubi sunt? Non est inventus

qui rediret et daret gloriam Deo nisi hic alieni-
gena? »

St. Jérôme. Novum Testam. vulg. edit.<br>
Evangel. second. Lucam, ch. XVII, versets 12-19.

## IX

### La multiplication des pains.

Cum transisset inde Jesus, venit secus mare Ga-
lilææ, et ascendens in montem, sedebat ibi. Et
accesserunt ad eum turbæ multæ, habentes secum
mutos, cæcos, claudos, debiles et alios multos : et
projecerunt eos ad pedes ejus, et curavit eos, ita ut
mirarentur, videntes mutos loquentes, claudos am-
bulantes, cæcos videntes : et magnificabant Deum
Israël. Jesus autem, convocatis discipulis suis, dixit :
« Misereor turbæ, quia triduo jam perseverant
mecum, et non habent quod manducent; et dimit-
tere eos jejunos nolo, ne deficiant in via ». — Et
dicunt ei discipuli : « Unde ergo nobis in deserto
panes tantos, ut saturemus turbam tantam? » —
Et ait illis Jesus : « Quot habetis panes »? — At
illi dixerunt : « Septem et paucos pisciculos. » —
Et præcepit turbæ, ut discumberent super terram.
Et accipiens septem panes et pisces, et gratias agens,
fregit et dedit discipulis suis, et discipuli dederunt
populo. Et comederunt omnes, et saturati sunt. Et
quod superfuit de fragmentis, tulerunt septem
sportas plenas. Erunt autem qui manducaverunt
quatuor millia hominum, extra parvulos et mulieres.

Saint Jérôme. Novum Testamentum.<br>
Evangel. sec. Matthæum, ch. XV, versets 29-39.

# X

### Denys l'Ancien.

Unus [rex] Siculus [fuit clarus], Dionysius prior. Nam et manu fortis, et belli peritus fuit, et, id quod in tyranno non facile reperitur, minime libidinosus, non luxuriosus, non avarus, nullius rei denique cupidus, nisi singularis perpetuique imperii; ob eamque rem crudelis : nam dum id studuit munire, nullius pepercit vitæ, quem ejus insidiatorem putaret. Hic quum virtute tyrannidem sibi peperisset, magna retinuit felicitate; majorque annos sexaginta natus, decessit florente regno. Neque in tam multis annis cujusquam ex sua stirpe funus vidit, quum ex tribus uxoribus liberos procreasset, multique ei nati essent nepotes.

Cornelius Nepos, ch. 21.
De regibus, § 2.

# XI

### Nourriture frugale des anciens Romains.

Fuit etiam illa simplicitas antiquorum in cibo capiendo, humanitatis simul et continentiæ certissima index. Nam maximis viris, prandere et cœnare in propatulo, verecundiæ non erat; nec sane ullas epulas habebant, quas populi oculis subjicere erubescerent. Erant adeo continentiæ attenti, ut frequentior apud eos pultis usus quam panis esset. Ideoque in sacrificiis mola quæ vocatur, ex farre et sale constat : exta farre sparguntur, et pullis, qui-

1.

bus auspicia petuntur, puls objicitur. Primitus enim ex libamentis victus sui deos eo efficacius, quo simplicius, placabant.

Valère-Maxime, liv. II, ch. 4, § 5.

## XII

### Dévouement des deux Décius envers leur patrie.

P. Decius, qui consulatum in familiam suam primus intulit, cum, Latino bello, Romanam aciem inclinatam et pene jam prostratam videret, caput suum pro salute reipublicæ devovit : ac protinus concitato equo, in medium hostium agmen, patriæ salutem, sibi mortem petens, irrupit : factaque ingenti strage, plurimis telis obrutus, super corruit. Ex cujus vulneribus et sanguine insperata victoria emersit.

Unicum talis imperatoris specimen esset nisi animo suo respondentem filium genuisset. Is namque in quarto consulatu, patris exemplum secutus, devotione simili, æque strenua pugna, consentaneo exitu labantes perditasque vires Urbis nostræ correxit.

Valère-Maxime, liv. V, ch. 6, §§ 5 et 6.

## XIII

### Marius bat les Teutons à Aix.

Marius, mira statim velocitate occupatis compendiis, prævenit hostem, prioresque Theutonos sub

ipsis Alpium radicibus assecutus, in loco, quem
Aquas Sextias vocant, quo (fidem numinum!) prœlio
oppressit. Vallem fluviumque medium hostes tene-
bant, nostris aquarum nulla copia; consultone id
egerit Imperator, an errorem in consilium verterit,
dubium. Certè necessitate aucta virtus causa victoriæ
fuit. Nam flagitante aquam exercitu, « Viri, inquit,
estis : en illic habetis. » Itaque tanto ardore pugnatum
est, eaque cædes hostium fuit, ut victor Romanus,
de cruento flumine non plus aquæ biberit, quam
sanguinis Barbarorum.

Florus. Epitome, liv. III, ch. III

# XIV

### Mœurs des habitants de l'Intérieur des terres de la Cyrénaïque.

[His] domicilia sunt quæ mapalia appellantur.
Victus asper, et munditiis carens. Primores sagis
velantur; vulgus bestiarum pecudumque pellibus.
Humi quies epulæque capiuntur. Vasa ligno fiunt
aut cortice. Potus est lac succusque bacearum. Cibus
est caro, plurimum ferina : nam gregibus (quia id
solum opimum est) quod potest, parcitur. Interiores
etiam incultius, sequuntur vagi pecora : utque a
pabulo ducta sunt, ita se ac tuguria sua promovent :
atque, ubi dies deficit, ibi noctem agunt. Quanquam
in familias passim et sine lege dispersi, nihil in
commune consultant.

Pomponius Méla. Description de la terre, liv. I, ch. VIII.

# XV

## Cours de la Meuse et du Rhin.

Mosa profluit ex monte Vosego, qui est in finibus
Lingonum, et parte quadam ex Rheno recepta, quæ
appellatur Vacalus, insulam efficit Batavorum, neque
longius ab Oceano millibus LXXX in Rhenum influit.
Rhenus autem oritur ex Lepontiis, qui Alpes incolunt, et longo spatio per fines Nantuatium, Helvetio-
rum, Sequanorum, Mediomatricum, Tribocorum,
Treverorum citatus fertur, et ubi Oceano appropin-
quavit, in plures defluit partes multis ingentibusque
insulis effectis (quarum pars magna a feris barba-
risque nationibus incolitur, ex quibus sunt qui pis-
cibus atque ovis avium vivere existimantur), multisque capitibus in Oceanum influit.

César. Guerre des Gaules, liv. IV, ch. x.

# CLASSE DE SEPTIÈME

## DEUXIÈME PARTIE

### ANECDOTES, DESCRIPTIONS, ETC.

## XVI

### Les légumes et les fourrages.

Leguminum genera cum sint complura, maxime grata et in usu hominum videntur faba, lenticula, pisum, phaselus, cicer, cannabis, milium, panicum, sesama, lupinum, linum etiam, et ordeum, quia ex eo ptisana est. Item pabulorum optima sunt medica et fœnum græcum, nec minus vicia. Proxima deinde cicera et ervum et farrago, quæ est ex ordeo.

Columelle. De l'Agriculture, liv. II, ch. 7.

## XVII

### Des lieux où les paysans du Latium devaient acheter de préférence ce qui leur était nécessaire.

[Eme] Romæ tunicas, togas, saga, centones, sculponeas; Calibus et Minturnis cuculliones, ferramenta, falces, palas, ligones, secures, ornamenta, murices, catellas ; Venafro, palas. Suessæ, et in

Lucanis plaustra ; treblæ, Albæ ; Romæ dolia, labra ; tegulæ ex Venafro. Aratra in terram validam Romanica bona erunt, in terram pullam Campanica, juga Romanica optima erunt. Vomis indutilis optimus erit. Trapeti Pompeiis. Nolæ ad Rufri maceriam claves. Claustra Romæ. Hamæ, urnæ oleariæ, urcei aquarii, urnæ vinariæ, alia vasa ahenea Capuæ. Nolæ fiscinæ Campanicæ. Hæ hamæ utiles sunt.

Caton. De re rustica, ch. 135.

# XVIII

### Devoirs d'une bonne servante dans une ferme.

Munda siet. Villam conversam mundamque habeat. Focum purum circumversum quotidie, priusquam cubitum eat, habeat: Kalendis, Idibus, Nonis, festus dies cum erit, coronam in focum indat. Per eosdemque dies Lari familiari pro copia supplicet. Cibum tibi et familiæ curet uti coctum habeat. Gallinas multas, et ova uti habeat. Pira arida, sorba, ficos, uvas passas, sorba in sapa, et pira, et uvas in doliis, et mala struthea. Uvas in vinaceis, et in urceis, in terra obrutas. Et nuces Prænestinas recentes in urceo in terra obrutas habeat. Mala Scantiana in doliis, et alia, quæ condi solent, et silvatica. Hæc omnia quotannis diligenter uti condita habeat. Farinam bonam, et far subtile sciat facere.

Caton. De re rustica, ch. 143.

# XIX

### Marques d'un bon poulain.

Qualis futurus sit equus, e pullo conjectari potest, si caput habet non magnum, nec membris confusis : si est oculis nigris, naribus non angustis, auribus applicatis, cervice molli non angusta, juba crebra, fusca, subcrispa, subtenuibus setis, implicata in dexteriorem partem cervicis, pectus latum et plenum, humeris latis, ventre modico, lumbis deorsum versum pressis, scapulis latis, spina maxime duplici; sin minus, non extanti, cauda ampla subcrispa, cruribus rectis æqualibus, potius figura altis, genibus rotundis, nec magnis, non introversus spectantibus, ungulis duris : toto corpore ut habeat venas, quæ animadverti possint, quod qui hujuscemodi sit, et cum est æger, ad medendum est appositus : corpore multo.

Varron. De l'Agriculture, liv. II, ch. 7.

# XX

### Alexandre et l'ânier.

Cum Alexander Macedonum rex, sorte monitus ut eum qui sibi porta egresso primus occurrisset, interfici juberet, asinarium, forte ante omnes obviam factum, ad mortem abripi imperasset, eoque quærente, quidnam se immerentem capitali supplicio innocentemque addiceret, cum ad excusandum factum suum oraculi præceptum retulisset; asinarius : « Si « ita est, inquit, rex, alium sors huic morti destina-

« vit : nam asellus, quem ego ante me agebam,
« prior tibi occurrit. » Delectatus Alexander et
illius, tam callido dicto, et quod ab errore ipse re-
vocatus erat, occasionem in aliquanto viliore ani-
mali expiandæ religionis rapuit.

Valère-Maxime, liv. VII, ch. 3. Externa, § 1.

## XXI

### Pline-le-Jeune se plaint à son ami Fabius de la rareté de ses lettres.

Caius Plinius Fabio Justo suo salutem.

Olim nullas mihi epistolas mittis. Nihil est,
inquis, quod scribam. At hoc ipsum scribe, nihil
esse, quod scribas : vel solum illud, unde incipere
priores solebant, si vales, bene est; ego valeo. Hoc
mihi sufficit; est enim maximum. Ludere me putas?
serio peto. Fac sciam, quid agas : quod sine sollicitudine summa nescire non possum. Vale.

Pline-le-Jeune, lettre XI, liv. 1.

## XXII

### Songe de Sophocle.

Sophocles, quum ex æde Herculis patera aurea
gravis surrepta esset, in somnis vidit ipsum deum
dicentem, qui id fecisset : quod semel ille iterumque
neglexit. Ubi idem sæpius, adscendit in Areopagum;
detulit rem. Areopagitæ comprehendi jubent eum
qui a Sophocle erat nominatus. Is, quæstione habita,
confessus est pateramque retulit.

Cicéron. (De divinatione, I, 25.)

# XXIII

## Songe d'Hamilcar.

Apud Agathoclem scriptum in historia est, Hamilcarem Carthaginiensem, cum oppugnaret Syracusas, visum esse audire vocem, se postridie cœnaturum Syracusis : cum autem is dies illuxisset, magnam seditionem in castris ejus inter Pœnos et Siculos milites esse factam : quod cum sensissent Syracusani, improviso eos in castra irrupisse, Hamilcaremque ab iis vivum esse sublatum. Ita res somnium comprobavit.

Cicéron. (De divinatione, I, 24.)

# XXIV

## Zeuxis et Parrhasius.

Æquales [Zeuxis] et æmuli fuere Timanthes, Androcydes, Eupompus, Parrhasius. Descendisse hic in certamen cum Zeuxide traditur. Et quum ille detulisset uvas pictas tanto successu, ut in scenam aves advolassent, ipse detulisse linteum pictum, ita veritate repræsentata, ut Zeuxis, alitum judicio tumens, flagitaret tandem remoto linteo ostendi picturam; atque intellecto errore concederet palmam ingenuo pudore, quoniam ipse volucres fefellisset, Parrhasius autem se artificem.

Pline l'Ancien. Hist. nat., liv. XXXV, ch. 36.

# XXV

### De rusticatione.

Rure morans quid agam, respondeo pauca, rogatus.
Luce deos oro, famulos, post arva reviso,
Partibus atque meis justos indico labores.
Inde lego, Phæbumque cio, Musamque lacesso.
Hinc oleo corpusque frico, mollique palæstra
Stringo libens, animo gaudens, ac fœnore liber.
Prandeo, poto, cano, ludo, lavo, cœno, quiesco,
Dum parvus lychnus modicum consumat olivi.
Hæc dat nocturnis nox lucubrata camœnis.

Martial. Epigramme 90, liv. IV.

# XXVI

### Moyen employé par Cyrus pour encourager ses soldats à combattre.

Cyrus, rex Persarum, ut concitaret animos popularium, tota die in excidenda quadam silva eos fatigavit; deinde postridie præstitit eis liberalissimas epulas, et interrogavit, utro magis gauderent. Quumque ei præsentia probassent : « Atqui per hæc, inquit, ad illa perveniendum est : nam liberi beatique esse, nisi Medos viceritis, non potestis. » Atque ita eos ad cupiditatem prœlii concitavit.

Frontin. Stratagènes, liv. I, ch. 11, § 19.

# XXVII

### Habileté d'Iphicrate à choisir le moment propice pour combattre.

Iphicrates Atheniensis, quia exploraverat, eodem assidue tempore hostes cibum capere, maturius vesci suos jussit, et eduxit in aciem, adgressusque hostem ita detinuit, ut ei neque confligendi, neque abeundi daret facultatem. Inclinato deinde jam die reduxit suos, et nihilominus in armis retinuit. Fatigati hostes non statione magis, quam inedia, statim ad corporis curam, et cibum capiendum festinaverunt : Iphicrates rursus eduxit, et incompositi hostis adgressus est castra.

Frontin. Stratagèmes, liv. II, ch. 1, § 5.

# XXVIII

### Souvenir que Vespasien garda de son enfance.

Vespasianus natus est in Sabinis ultra Reate, vico modico, cui nomen est Phalacrine, quintodecimo kalendas decembris, vesperi, Q. Sulpicio Camerino, C. Poppæo Sabino, consulibus, quinquennio ante, quam Augustus excederet : educatus sub paterna avia Tertulla, in prædiis Cosanis. Quare Princeps quoque et locum incunabulorum assidue frequentavit, manente villa, qualis fuerat olim, ne quid scilicet oculorum consuetudini deperiret : et aviæ memoriam tanto opere dilexit, ut sollemnibus ac festis diebus pocillo quoque ejus argenteo potare perseveraverit.

Suétone. Vespasien, ch. 2.

## XXIX

### Trait de clémence de Pyrrhus.

[Pyrrhus] audierat, quosdam Tarentinorum in convivio parum honoratum de se sermonem habuisse; accersitosque, qui ei interfuerant, percontabatur, an ea, quæ ad aures ejus pervenerant, dixissent. Tum ex his unus : « Nisi, inquit, vinum nobis defecisset, « ista quæ tibi relata sunt, præ iis quæ de te lo- « cuturi eramus, lusus ac jocus fuissent. » Tum urbana crapulæ excusatio tamque simplex veritatis confessio iram regis convertit in risum. Qua quidem clementia et moderatione assecutus est, ut et sobrii sibi Tarentini gratias agerent, et ebrii bene precarentur.

Valère-Maxime, liv. V, ch. 1. Externa, § 3.

## XXX

### Piété filiale du fils de Crésus récompensée.

Filius Crœsi regis, cum jam per ætatem fari posset, infans erat, et cum jam multum adolevisset, item nihil fari quibat. Mutus adeo et elinguis diu habitus est. Cum in patrem ejus bello magno victum, et urbe, in qua erat capta, hostis, gladio educto, regem esse ignorans, invaderet, diduxit adolescens os, clamare nitens, eoque nixu atque impetu spiritus vitium nodumque linguæ rupit, planeque et articulate elocutus est, clamans in hostem ne rex Crœsus occideretur. Tum et hostis gladium reduxit, et rex vita donatus est, et adolescens loqui prorsum deinceps incœpit.

Aulu-Gelle. — Nuits attiques, liv. 5, ch. 11.

# CLASSE DE SEPTIÈME

## TROISIÈME PARTIE

### MORALE.

## XXXI

**Chaque chose a son temps.**

Omnia tempus habent, et suis spatiis transeunt universa sub cœlo. Tempus nascendi et tempus moriendi; tempus plantandi et tempus evellendi quod plantatum est; tempus occidendi et tempus sanandi; tempus destruendi et tempus ædificandi; tempus flendi et tempus ridendi; tempus plangendi et tempus saltandi; tempus spargendi lapides et tempus colligendi; tempus amplexandi et tempus longe fieri ab amplexibus; tempus acquirendi et tempus perdendi; tempus custodiendi et tempus abjiciendi; tempus scindendi et tempus consuendi; tempus tacendi et tempus loquendi; tempus dilectionis et tempus odii, tempus belli et tempus pacis. Quid habet amplius homo de labore suo?

Saint Jérôme. Bibl. sacra. vulg. edit. Ecclésiaste,<br>ch. III, versets 1-10.

# XXXII

### Vanité des biens terrestres.

Magnificavi opera mea, ædificavi mihi domos et
plantavi vineas, feci hortos et pomaria, et consevi
ea cuncti generis arboribus, et exstruxi mihi pisci-
nas aquarum, ut irrigarem silvam lignorum ger-
minantium ; possedi servos et ancillas, multamque
familiam habui, armenta quoque, et magnos ovium
greges ultra omnes qui fuerunt ante me in Jerusalem ; coacervavi mihi argentum et aurum, et sub-
stantias regum ac provinciarum ; feci mihi cantores
et cantatrices, et delicias filiorum hominum, scyphos,
et urceos in ministerio ad vina fundenda ; et super-
gressus sum opibus omnes qui ante me fuerunt in
Jerusalem ; sapientia quoque perseveravit mecum ;
et omnia quæ desideraverunt oculi mei, non negavi
eis ; nec prohibui cor meum quin omni voluptate
fruerctur, et oblectaret se in his quæ præparave-
ram ; et hanc ratus sum partem meam si uterer
labore meo. Cumque me convertissem ad universa
opera quæ fecerant manus meæ et ad labores in
quibus frustra sudaveram, vidi in omnibus vanitatem
et afflictionem animi et nihil permanere sub sole.

Saint Jérôme. — Biblia sacra, vulg. edit.
Ecclésiaste, ch. 2, versets 4-12.

# XXXIII

### Dieu est partout.

Domine, intellexisti cogitationes meas de longe :
semitam meam et funiculum meum investigasti,

et omnes vias meas prævidisti. Ecce, Domine,
tu cognovisti omnia, novissima et antiqua : tu for-
masti me et posuisti super me manum tuam. Quo a
facie tua fugiam? Si ascendero in cœlum, tu illic
es ; si descendero in infernum, ades. Si sumpsero
pennas meas diluculo, et habitavero in extremis
maris, illuc manus tua deducet me, et tenebit me
dextera tua.

Saint Jérôme. Biblia sacra vulg. edit. Psaumes.

## XXXIV

### Dieu est le protecteur du peuple Juif.

Quando dividebat Altissimus gentes, quando se-
parabat filios Adam, constituit terminos populorum
juxta numerum filiorum Israël. Pars autem Domini
populus ejus, Jacob funiculus hæreditatis ejus.
Invenit eum in terra deserta, in loco horroris et
vastæ solitudinis : circumduxit eum, et docuit : et
custodivit quasi pupillam oculi sui. Sicut aquila
provocans ad volandum pullos suos et super eos
volitans expandit alas suas, et assumpsit eum atque
portavit in humeris suis. Dominus solus dux ejus
fuit : et non erat cum eo Deus alienus.

St. Jérôme. Biblia sacra vulg. edit.<br>
Deutéronome, ch. xxxii, versets 8-13.

## XXXV

### Hymne en l'honneur des bontés de Dieu à l'égard<br>de l'homme.

Domine, quam admirabile est nomen tuum in

universa terra! Quoniam elevata est magnificentia
tua, super cœlos. Quoniam videbo cœlos tuos,
opera digitorum tuorum, lunam et stellas quæ tu
fundasti. Quid est homo, aut filius hominis quoniam visitas eum? Minuisti eum paulo minus ab
angelis, gloria et honore coronasti eum, et consti-
tuisti eum super opera manuum tuarum. Omnia
subjecisti sub pedibus ejus : oves et boves univer-
sas ; insuper et pecora campi, volucres cœli, et
pisces maris, qui perambulant semitas maris. Domine, quam admirabile est nomen tuum in universa
terra!

St Jérôme. Biblia sacra, vulg. edit.<br>
Livre des Psaumes. — Psaume 8.

# XXXVI

### Les hommes heureux.

Videns Jesus turbas, ascendit in montem, et
cum sedisset, accesserunt ad eum discipuli ejus,
et aperiens os suum docebat eos, dicens : « Beati
pauperes spiritu, quoniam ipsorum est regnum
cœlorum. — Beati mites, quoniam ipsi possidebunt
terram. — Beati qui lugent, quoniam ipsi conso-
labuntur. — Beati qui esuriunt et sitiunt justitiam,
quoniam ipsi saturabuntur. — Beati misericordes,
quoniam ipsi misericordiam consequentur. — Beati
mundo corde, quoniam ipsi Deum videbunt. —
Beati pacifici, quoniam filii Dei vocabuntur. —
Beati qui persecutionem patiuntur propter justitiam,
quoniam ipsorum est regnum cœlorum. »

St. Jérôme. Novum Testamentum, vulg. edit.<br>
Evangel. secundum Matthæum, ch. 5, vers. 1-11.

# XXXVII

### L'Âme doit commander et le corps obéir.

Sensus corporum quasi equi sunt sine ratione currentes; anima vero in aurigæ modum retinet frena currentium. Et quomodo equi absque rectore præcipites ruunt, ita corpus sine ratione et imperio animæ in suum fertur interitum. Alia quoque comparatio animæ et corporis a philosophis ponitur, corpus puerum, animam pædagogum esse dicentibus. Unde et historicus : « Animæ, inquit, imperio , corporis servitio magis utimur. Alterum nobis cum dis, alterum cum belluis commune est. » Igitur nisi vitia adolescentis et pueri prudentia pædagogi rexerit, omnis conatus ejus et impetus ad lasciviam properant.

Saint Jérôme. Contre Jovinien, liv. 2.

# XXXVIII

### Malas esse divitias.

— Opes invisæ merito sunt forti viro,
Quia dives arca veram laudem intercipit.
— Cœlo receptus propter virtutem Hercules,
Quum gratulantes persalutasset Deos ;
Veniente Pluto, qui Fortunæ est filius,
Avertit oculos. Causam quæsivit Pater.
Odi, inquit, illum, quia malis amicus est,
Simulque objecto cuncta corrumpit lucro.

Phèdre, liv. 4, fable 12.

# XXXIX

### Mustela et mures.

Mustela, quum annis et senecta debilis,
Mures veloces non valeret assequi,
Involvit se farina, et obscuro loco
Abjecit negligenter. Mus escam putans,
Assiluit, et compressus occubuit neci :
Alter similiter periit, deinde et tertius.
Aliquot secutis, venit et retorridus,
Qui sæpe laqueos et muscipula effugerat :
Proculque insidias cernens hostis callidi,
« Sic valeas, inquit, ut farina es, quæ jaces. »

Phèdre, liv. IV, fable 2.

---

# XL

### Formica et cicada.

Hiemis Formica grana tempore e cavo
Trahens siccabat, quæ prudens collegerat
Æstate. Esuriens hanc, ut aliquid sibi daret,
Rogat Cicada. Cui Formica : Æstate quid
Agebas? inquit. Illa : « Non erat otium
Ut de futuro cogitarem tempore,
Errabam cantans per sæpes et pascua. »
Ridens Formica, et grana referens, sic ait :
« Æstate quæ cantasti, age, salta frigore. »
Piger laboret certo semper tempore,
Ne, quum nil habeat, poscens accipiat nihil.

Phèdre. Appendix fabularum Æsopiarum, fable 28.

---

# XLI

### Rana rupta et bos.

Inops, potentem dum vult imitari, perit.
   In prato quondam Rana conspexit Bovem,
Et, tacta invidia tantæ magnitudinis,
Rugosam inflavit pellem : tum natos suos
Interrogavit, an Bove esset latior.
Illi negarunt. Rursus intendit cutem
Majore nisu, et simili quæsivit modo
Quis major esset. Illi dixerunt : « Bovem. »
Novissime indignata, dum vult validius
Inflare sese, rupto jacuit corpore.

Phèdre, liv. 1, fable 24.

# XLII

### Canis per fluvium carnem ferens.

Amittit merito proprium, qui alienum appetit.
   Canis per flumen, carnem dum ferret, natans,
Lympharum in speculo vidit simulacrum suum ;
Aliamque prædam ab alio ferri putans,
Eripere voluit : verum decepta aviditas,
Et, quem tenebat ore, dimisit cibum,
Nec, quem petebat, adeo potuit attingere.

Phèdre, liv. 1, fable 4.

## XLIII

### Douceur de la retraite.

C. Plinius Macro suo salutem.

Bene est mihi, quia tibi bene est. Habes uxorem tecum, habes filium. Frueris mari, fontibus, viridibus, agro, villa amœnissima. Neque enim dubito esse amœnissimam, in qua se composuerat homo felicior, antequam felicissimus fieret. Ego in Tuscis et venor et studeo, quæ interdum alternis, et interdum simul facio : nec tamen adhuc possum pronuntiare, utrum sit difficilius capere aliquid, an scribere. Vale.

Pline-le-Jeune. Lettres.

## XLIV

### Portrait de l'homme en colère.

Ut autem scias, non esse sanos, quos ira possedit, ipsum illorum habitum intuere. Nam ut furentium certa indicia sunt, audax et minax vultus, tristis frons, torva facies, citatus gradus, inquietæ manus, color versus, crebra et vehementius acta suspiria : ita irascentium eadem signa sunt. Flagrant, et micant oculi, multus ore toto rubor, exæstuante ab imis præcordiis sanguine ; labia quatiuntur, dentes comprimuntur, horrent ac subriguntur capilli ; spiritus coactus ac stridens, articulorum se ipsos torquentium sonus, gemitus, mugitusque, et parum explanatis vocibus sermo præruptus et complosæ sæpius manus, et pulsata humus pedibus, et totum concitum corpus, magnasque minas agens, fœda visu et horrenda facies depravantium se, atque intumescentium.

Sénèque. De la colère, liv. 1, ch. 1.

# XLV

### Pourquoi Lysandre déclara Cyrus le plus heureux des hommes.

Cyrus minor, rex Persarum, præstans ingenio atque imperii gloria, quum Lysander Lacedæmonius, vir summæ virtutis, venisset ad eum Sardis, eique dona a sociis attulisset, et ceteris in rebus comis erga Lysandrum atque humanus fuit, et ei quemdam conseptum agrum, diligenter consitum, ostendit. Quum autem admiraretur Lysander et proceritates arborum, et directos in quincuncem ordines, et humum subactam atque puram, et suavitatem odorum qui afflarentur e floribus, tum dixit mirari se non modo diligentiam, sed etiam solertiam ejus, a quo essent illa demensa atque descripta; et ei Cyrus respondit : « Atqui ego omnia ista sum demensus ; mei sunt ordines, mea descriptio ; multæ etiam istarum arborum mea manu sunt satæ. » Tum Lysander, intuens ejus purpuram, et nitorem corporis, ornatumque Persicum multo auro multisque gemmis, dixit : « Recte vero te, Cyre, beatum ferunt, quoniam virtuti tuæ fortuna conjuncta est. »

Cicéron. De senectute, 17.

2.

# CLASSE DE SIXIÈME

# CLASSE DE SIXIÈME

## PREMIÈRE PARTIE

### HISTOIRE ET GÉOGRAPHIE.

## I

### Judith tue Holopherne.

Holophernes jacebat in lecto, nimia ebrietate sopitus. Dixit Judith puellæ suæ, ut staret foris ante cubiculum, et observaret, stetitque Judith ante lectum, orans cum lacrymis et labiorum motu in silentio, dicens : « Confirma me, Domine Deus Israël, et respice in hac hora ad opera manuum mearum, ut, sicut promisisti, Jerusalem civitatem tuam erigas : et hoc quod credens per te posse fieri cogitavi, perficiam. » Et cum hæc dixisset, accessit ad columnam, quæ erat ad caput lectuli ejus, et pugionem ejus, qui in ea ligatus pendebat, exoluit. Cumque evaginasset illum, apprehendit comam capitis ejus, et ait : « Confirma me, Domine Deus, in hac hora. » Et percussit bis in cervicem ejus, et abscidit caput ejus, et abstulit conopeum ejus a columnis, et evoluit corpus ejus truncum.

St Jérôme; — Livre de Judith, ch. XIII,<br>versets 4-11.

# II

## Sardanapale.

Postremus apud [Assyrios] regnavit Sardanapalus, vir muliere corruptior. Ad hunc videndum (quod nemini ante eum permissum fuerat), præfectus ipsius, Medis præpositus, nomine Arbactus, cum admitti magna ambitione ægre obtinuisset, invenit eum inter feminarum greges purpuram colo nentem, et muliebri habitu, pensa inter virgines partientem. Quibus visis, indignatus tali feminæ tantum virorum subjectum, tractantique lanam, ferrum et arma portantes parere, progressus ad socios, quid viderit refert : negat se ei parere posse, qui se feminam malit esse quam virum. Fit igitur conjuratio : bellum Sardanapalo infertur; quo ille audito, non ut vir regnum defensurus, sed ut metu mortis mulieres solent, primo latebras circumspicit; mox deinde cum paucis et incompositis, in bellum progreditur. Victus, in regiam se recipit, et exstructa incensaque pyra, et se et divitias in incendium mittit : hoc solo imitatus virum.

Justin, livre 1, ch. 5.

---

# III

## Ruse de Cyrus pour s'emparer de Sardes.

Cyrus, rex Persarum, incluso Sardibus Cræso, qua præruptus mons nullum aditum præstabat, ad mœnia malos exæquantes altitudinem jugi subrexit; quibus simulacra hominum armata Persici habitus imposuerat, noctuque eos monti admovit. Tum prima luce ex altera parte muros adgressus est, ubi orto jam sole simulacra illa, armatorum referentia habitum, refulserunt. Oppidani captam urbem ab tergo credentes, et ob hoc fugam dilapsi victoriam hostibus concesserunt.

Frontin. Stratagèmes; liv. III; ch. 9; § 3.

# IV

### Guerre de Cyrus contre les Scythes.

I. — Cyrus, subacta Asia et universo Oriente in potestatem redacto, Scythis bellum infert. Erat eo tempore Scytharum regina Tamyris; quæ non muliebriter adventu hostium territa, cum prohibere eos transitu Araxis fluminis posset, transire permisit, et sibi faciliorem pugnam intra regni sui terminos rata, et hostibus objectu fluminis fugam difficiliorem. Itaque Cyrus trajectis copiis, cum aliquantisper in Scythiam processisset, castra metatus est. Dein postera die simulato metu, quasi refugiens castra deseruisset, ita vini affatim, et ea quæ epulis erant necessaria, reliquit. Quod cum nuntiatum reginæ esset, adolescentulum filium, ad insequendum eum cum tertia parte copiarum mittit. Cum ventum ad Cyri castra esset, ignarus rei militaris adolescens, veluti ad epulas, non ad prælium venisset, omissis hostibus, insuetos barbaros vino se onerare patitur : priusque Scythæ ebrietate quam bello vincentur. Nam cognitis his, Cyrus reversus per noctem, securos opprimit, omnesque Scythas cum reginæ filio interficit.

II. — Amisso tanto exercitu, et quod gravius, unico filio, Tamyris orbitatis dolorem non in lacrymas effudit, sed in ultionis solatia intendit, hostesque recenti victoria exultantes, pari insidiarum fraude circumvenit. Quippe, simulata diffidentia propter vulnus acceptum, refugiens, Cyrum ad angustias usque perduxit. Ibi compositis in montibus insidiis, ducenta millia Persarum cum ipso rege trucidavit. In qua victoria etiam illud memorabile fuit, quod ne nuntius quidem tantæ cladis superfuit. Caput Cyri amputatum, in utrem humano sanguine conjici regina jubet, cum hac exprobratione crudelitatis : « Satia te, inquit, sanguine quem sitisti, cujusque insatiabilis semper fuisti. »

Justin. Histoires, liv. 1, ch. 9.

# V

### Dévouement de Codrus.

[Athenarum] ultimus rex fuit Codrus, Melanthi filius, vir non prætereundus. Quippe, cum Lacedæmonii gravi bello Atticos premerent, respondissetque Pythius, « quorum dux ab hoste esset occisus, eos futuros superiores; » deposita veste regia, pastoralem cultum induit; immistusque castris hostium, de industria rixam ciens, imprudenter interemptus est. Codrum cum morte æterna gloria, Athenienses secuta victoria est. Quis eum non miretur, qui iis artibus mortem quæsierit, quibus ab ignavis vita quæri solet.

Velleius Paterculus, liv. I, ch. 2.

# VI

### Leçon d'énergie que Xénophon donna à un de ses soldats.

Xenophon, quum equo veheretur, et pedites
jugum quoddam occupare jussisset, unusque ex eis
obmurmurando diceret, « facile tam laboriosa seden-
tem imperare, » desiluit, et gregalem equo imposuit,
cursu ipse pedestri ad destinatum jugum conten-
dens. Cujus facti ruborem quum perpeti miles non
posset, irridentibus commilitonibus, sponte descendit. Xenophontem vix universi perpulerunt, ut
conscenderet equum, et laborem suum in necessaria duci munera reservaret.

Frontin. Stratagèmes; liv. IV, ch. 6, §. 2

# VII

### Léonidas et ses trois cents compagnons d'armes.

Hoc loci Leonidas Spartanus nobilis occurrit :
cujus proposito, opere, exitu, nihil fortius. Nam,
cum CCC civibus apud Thermopylas toti Asiæ ob-
jectus, gravem illum et mari et terræ Xerxem, nec
hominibus tantum terribilem, sed Neptuno quoque
compedes, et cœlo tenebras minitantem, pertinacia
virtutis ad ultimam desperationem redegit. Ceterum
perfidia et scelere incolarum ejus regionis et loci
opportunitate, qua plurimum adjuvabatur, spo-
liatus, occidere dimicans, quam assignatam sibi a
patria stationem deserere, maluit. Ideoque tam
alacri animo suos ad id prœlium, quo perituri

erant, cohortatus est, ut diceret : « Sic prandete, commilitones, tanquam apud inferos cœnaturi. » Mors erat denuntiata : Lacedœmonii, perinde ac victoria esset promissa, ductori intrepide paruerunt.

Valère-Maxime, liv. III, ch. 2, Externa, § 3.

# VIII

### Stratagèmes de Périclès pour que son armée croie à un secours divin.

Pericles, dux Atheniensium, initurus prœlium, quum animadvertisset lucum, ex quo utraque acies conspici poterat, densissimæ opacitatis, vastum alioquin et Diti patri sacrum, ingentis illic staturæ hominem, altissimis cothurnis et veste purpurea, ac coma venerabilem, in curru candidorum equorum sublimem constituit, qui, dato signo pugnæ, proveheretur ; et voce Periclem nomine adpellans, cohortaretur eum, diceretque, deos Atheniensibus adesse : quo pene ante conjectum teli hostes terga verterunt.

Frontin, liv. I, ch. XI, §. 10.

# IX

### Phocion.

Phocion, Atheniensis, etsi sæpe exercitibus præfuit, summosque magistratus cepit, tamen multo ejus notior integritas est vitœ, quam rei militaris labor. Itaque hujus memoria est nulla, illius au-

tem magna fama : ex quo cognomine *Bonus* est
appellatus. Fuit enim perpetuo pauper, quum divi-
tissimus esse posset, propter frequentes delatos
honores, potestatesque summas, quæ ei a populo
dabantur. Hic quum a rege Philippo munera magnæ
pecuniæ repudiaret, legatique hortarentur accipere,
simulque admonerent, si ipse his facile careret,
liberis tamen suis prospiceret, quibus difficile esset
in summa paupertate tantam paternam tueri gloriam, his ille : « Si mei similes erunt, idem hic,
inquit, agellus illos alet, qui me ad hanc dignitatem
perduxit ; sin dissimiles sunt futuri, nolo meis im-
pensis illorum ali augerique luxuriam. »

Cornelius Nepos. Phocion, § 1.

---

# X

### Mort de Pausanias.

His rebus ephori cognitis, satius putaverunt in
urbe eum comprehendi. Quo quum essent profecti,
et Pausanias, placato Argilio, ut putabat, Lacedæmonem reverteretur ; in itinere, quum jam in eo
esset ut comprehenderetur, ex vultu cujusdam
ephori, qui eum admonere cupiebat, insidias sibi
fieri intellexit. Itaque, paucis ante gradibus quam
qui sequebantur, in ædem Minervæ, quæ Chal-
ciæcos vocatur, confugit. Hinc ne exire posset,
statim ephori valvas ejus ædis obstruxerunt, tec-
tumque sunt demoliti, quo facilius sub divo inte-
riret. Dicitur eo tempore matrem Pausaniæ vixisse,
eamque, jam magno natu, postquam de scelere

3

filii comperit, in primis, ad filium claudendum, lapidem ad introitum ædis attulisse. Sic Pausanias magnam belli gloriam turpi morte maculavit. Hic quum semianimis de templo elatus esset, confestim animam efflavit.

Cornelius Nepos. Pausanias, § V.

# XI

### Le Temple de Jupiter Hammon.

Incolæ nemoris, quos Hammonios vocant, dispersis tuguriis habitant ; medium nemus pro arce habent, triplici muro circumdatum. Prima munitio tyrannorum veterem regiam clausit ; in proxima conjuges eorum cum liberis et pellicibus habitant ; hic quoque Dei oraculum est. Ultima munimenta satellitum armigerorumque sedes erant. Est etiam aliud Hammonis nemus : in medio habet fontem ; aquam Solis vocant. Sub lucis ortum tepida manat ; medio die, quum vehementissimus est calor, frigida eadem fluit ; inclinato in vesperam, calescit ; media nocte, fervida exæstuat ; quoque propius nox vergit ad lucem, multum ex nocturno calore decrescit, donec sub ipsum diei ortum assueto tepore languescat. Id quod pro Deo colitur non eamdem effigiem habet quam vulgo Diis artifices accommodaverunt ; umbilico maxime similis est habitus, smaragdo et gemmis coagmentatus. Hunc, quum responsum petitur, navigio aurato gestant sacerdotes, multis argenteis pateris ab utroque navigii latere pendentibus : sequuntur matronæ

virgines, patrio more inconditum quoddam carmen
canentes, quo propitiari Jovem credunt ut certum
edat oraculum.

Quinte-Curce, liv. IV ; ch. 7.

## XII

### Entrée d'Alexandre à Babylone.

Magna pars Babyloniorum constiterat in muris,
avida cognoscendi novum regem ; plures obviam
egressi sunt. Inter quos Bagophanes, arcis et regiæ
pecuniæ custos,.......... totum iter floribus coro-
nisque constraverat, argenteis altaribus utroque
latere dispositis, quæ non ture modo, sed omnibus
odoribus cumulaverat. Eum dona sequebantur ;
greges pecorum equorumque, leones quoque et
pardales caveis præferebantur. Magi deinde, suo
more carmen canentes. Post hos Chaldæi, Babylo-
niorumque non vates modo, sed etiam artifices cum
fidibus sui generis ibant : laudes ii regum canere
soliti ; Chaldæi, siderum motus et statas temporum
vices ostendere. Equites deinde Babylonii, suo
atque equorum cultu ad luxuriam magis quam ad
magnificentiam exacto, ultimi ibant. Rex, armatis
stipatus, oppidanorum turbam post ultimos pedites
ire jussit ; ipse cum curru urbem ac deinde regiam
intravit.

Quinte-Curce, liv. V, ch. 1.

## XIII

### Fondation de Marseille.

Temporibus Tarquinii regis, ex Asia Phoceensium juventus ostio Tiberis invecta, amicitiam cum Romanis junxit : inde in ultimos Galliæ sinus navibus profecta, Massiliam inter Ligures et seras gentes Gallorum condidit; magnasque res, sive dum armis se adversus Gallicam feritatem tuentur, sive dum ultro lacessunt. à quibus fuerant ante lacessiti, gesserunt. Namque Phoceenses exiguitate ac macie terræ coacti, studiosius mare quam terras exercuere, piscando, mercando, plerumque etiam latrocinio maris, quod illis temporibus gloriæ habebatur, vitam tolerabant. Itaque in ultimam Oceani oram procedere ausi, in sinum Gallicum ostio Rhodani amnis devenere. Cujus loci amœnitate capti, reversi domum referentes quæ viderant, plures sollicitavere. Duces classis sinos et Protis fuere. Itaque regem Segobrigiorum, Nannum nomine, in cujus finibus urbem condere gestiebant, amicitiam petentes conveniunt. Forte eo die rex occupatus in apparatu nuptiarum Gyptis filiæ erat, quam more gentis, electo inter epulas genero, nuptum tradere illic parabat. Itaque cum ad nuptias invitati omnes proci essent, rogantur etiam Græci hospites ad convivium. Introducta deinde virgo, cum juberetur a patre aquam porrigere ei quem virum eligeret, tunc omissis omnibus, ad Græcos conversa, aquam Proti porrigit, qui factus ex hospite gener, locum condendæ urbis a socero accepit. Condita igitur Massilia est prope ostia Rhodani amnis, in remoto sinu, veluti in angulo maris.

Justin, liv. 43, ch. 3.

## XIV

**Stratagème de Tarquin pour faire secrètement connaître une réponse à son fils Sextus.**

Sextus Tarquinius, Tarquinii filius, indigne ferens, quod patris viribus expugnari Gabii nequirent, valentiorem armis excogitavit rationem, qua interceptum id oppidum romano imperio adjiceret. Subito namque se ad Gabinos contulit, tanquam parentis sævitiam et verbera, quæ voluntate sua perpessus erat, fugiens : ac paulatim uniuscujusque fictis et compositis blanditiis alliciendo benevolentiam, ut apud omnes plurimum posset, consecutus, familiarem suum ad patrem misit, indicaturum, quemadmodum cuncta in sua manu haberet; et quæsiturum, quidnam fieri vellet. Juvenili calliditati senilis astutia respondit. Si quidem re eximia delectatus Tarquinius, fidei autem nuntii parum credens, nihil respondit; sed seducto eo in hortum, maxima et altissima papaverum capita baculo decussit. Cognito adolescens silentio patris simul ac facto, caussam altius argumenti pervidit : nec ignoravit, præcipi sibi, ut excellentissimum quemque Gabinorum aut exilio summoveret aut morte consumeret. Ergo spoliatam bonis propugnatoribus civitatem tantum non vinctis manibus ei tradidit.

Valère-Maxime, liv. VII; ch. 4 ; § 2.

# XV

### Horatius Cocles.

Etruscis in Urbem ponte Sublicio irrumpentibus, Horatius Cocles extremam ejus partem occupavit, totumque hostium agmen, donec post tergum suum pons abrumperetur, infatigabili pugna sustinuit : atque, ut patriam periculo imminenti liberatam vidit, armatus se in Tiberim misit. Cujus fortitudinem dii immortales admirati, incolumitatem sinceram ei præstiterunt. Nam, neque altitudine dejectus quassatus, neque pondere armorum pressus, nec ullo vorticis circuitu actus, nec telis quidem, quæ undique congerebantur, læsus, tutum natandi eventum habuit. Unus itaque tot civium, tot hostium in se oculos convertit, stupentes illos admiratione, hos inter lætitiam et metum hæsitantes : unusque duos acerrima pugna consertos exercitus, alterum repellendo, alterum propugnando, distraxit. Denique unus urbi nostræ tantum scuto suo quantum Tiberis alveo, munimenti attulit. Quapropter discedentes Etrusci dicere potuerunt : « Romanos vicimus, ab Horatio victi sumus. »

Valère-Maxime, liv. III, ch. 2, § 1.

# XVI

### Combat du jeune Manlius contre un Gaulois.

Gallus quidam nudus præter scutum et gladios duos torque atque armillis decoratus processit : qui et viribus et magnitudine et adolescentia si-

mulque virtute ceteris antistabat. Is maxime proelio
commoto atque utrisque summo studio pugnanti-
bus manu significare cœpit, utrinque quiescerent
pugnæ. Facta pausa est. Extemplo silentio facto
cum voce maxima conclamat, si qui secum de-
pugnare vellet, uti prodiret. Nemo audebat propter
magnitudinem atque immanitatem faciei. Deinde
Gallus irridere cœpit atque linguam exertare. Id
subito perdolitum est cuidam T. Manlio, summo
genere nato, tantum flagitium civitati accidere, e
tanto exercitu neminem prodire. Is, ut dico, processit : neque passus est virtutem romanam a
Gallo turpiter spoliari, scuto pedestri et gladio
hispanico cinctus contra Gallum constitit. Metu
magno ea congressio in ipso ponte, utroque
exercitu inspectante, facta est. Ita, ut ante dixi,
constiterunt : Gallus sua disciplina scuto projecto
cantabundus : Manlius animo magis, quam arte,
confisus scutum scuto percussit, atque statum Galli
conturbavit. Dum se Gallus iterum eodem pacto
constituere studet, Manlius iterum scutum scuto
percutit, atque de loco hominem iterum dejecit :
eo pacto ei sub gallicum gladium successit, atque
hispanico pectus hausit : deinde continuo humerum
dexterum eodem concessu incidit, neque recessit
usquam, donec subvertit, ne Gallus impetum icti
haberet. Ubi eum evertit, caput præcædit : tor-
quem detraxit, eamque sanguinolentam sibi in
collum imponit. Quo ex facto ipse posterique ejus
Torquati sunt cognominati.

Claudius Quadrigarius, cité par A. Gelle. Nuits<br>
attiques, liv. 9, ch. 13.

## XVII

### Belle lettre des consuls C. Fabricius et Q. Emilius au roi Pyrrhus.

Consules Romani salutem dicunt Pyrrho regi.

Nos pro tuis injuriis continuo animo strenui, commoti inimiciter, tecum bellare studemus. Sed communis exempli et fidei ergo visum est, uti te salvum velimus ; ut esset, quem armis vincere possemus. Ad nos venit Nicias, familiaris tuus, qui sibi a nobis præmium peteret, si te clam interfecisset. Id nos negavimus velle ; neve ob eam rem quidquam commodi exspectaret ; et simul visum est, ut te certiorem faceremus, ne quid ejusmodi, si accidisset, nostro consilio civitates putarent factum : et quod nobis non placet, pretio aut præmio aut dolis pugnare. Tu, nisi caves, jacebis.

> Cl. Quadrigarius, cité par Aulu-Gelle. Nuits attiques, liv. 3, ch. 8.

## XVIII

### Le serment de Régulus.

I. — M. Attilius Regulus, quum consul iterum in Africa ex insidiis captus esset, duce Xantippo Lacedæmonio,... juratus missus est ad senatum, ut, nisi redditi essent Pœnis captivi nobiles quidam, rediret ipse Carthaginem. Is quum Romam venisset, utilitatis speciem videbat, sed eam, ut res declarat, falsam judicavit. Quæ erat talis : manere in patria, esse domi suæ cum uxore, cum liberis ; quam calamitatem accepisset in bello, communem fortunæ bellicæ judicantem, tenere consularis dignitatis gradum. Quis hæc neget esse utilia ? Quem censes ? magnitudo animi et fortitudo negat. Num locupletiores quæris auctores ? Harum enim est virtutum proprium, nihil extimescere, omnia humana despicere ; nihil, quod homini accidere possit, intolerandum putare.

II. — Itaque quid fecit ? In senatum venit ; mandata exposuit ; sententiam ne diceret, recusavit : quamdiu jurejurando hostium teneretur, non esse se senatorem. Atque illud etiam (o stultum hominem, dixerit quispiam, et repugnantem utilitati suæ !) reddi captivos, negavit esse utile : illos enim adolescentes esse, et bonos duces ; se jam confectum senectute. Cujus quum valuisset auctoritas, captivi retenti sunt : ipse Carthaginem rediit, neque eum caritas patriæ retinuit, nec suorum. Neque vero tum ignorabat, se ad crudelissimum hostem, et ad exquisita supplicia proficisci ; sed jusjurandum conservandum putabat.

Cicéron. De officiis, liv. III, 27.

## XIX

**Portrait de Publius Scipion, le second Africain.**

Sub idem tempus, magis quia valebant Romani quidquid de Carthaginiensibus diceretur, credere, quam quia credenda afferebantur, statuit Senatus Carthaginem excidere. Ita eodem tempore Publius Scipio Æmilianus, vir avitis Publii Africani, pater-

3.

nisque Lucii Pauli virtutibus simillimus, omnibus belli ac togæ dotibus, ingeniique ac studiorum eminentissimus sæculi sui, qui nihil in vita nisi laudandum aut fecit, aut dixit ac sensit : quem Paulo genitum, adoptatum a Scipione, Africani filio, diximus, ædilitatem petens, consul creatus est. Bellum Carthagini jam ante biennium a prioribus consulibus illatum majori vi intulit ; cum ante in Hispania murali corona, in Africa obsidionali donatus esset ; in Hispania vero etiam ex provocatione, ipse modicus virium, immanis magnitudinis hostem interemisset. Eamque urbem, magis invidia imperii, quam ullis ejus temporis noxis, invisam Romano nomini, funditus sustulit, fecitque suæ virtutis monumentum, quod fuerat avi ejus clementiæ.

Velleius Paterculus, liv. 1, ch. 13.

# XX

### Portrait de Jugurtha.

... Ubi primum adolevit, pollens viribus, decora facie, sed multo maxume ingenio validus, non se luxu neque inertiæ corrumpendum dedit ; sed, uti mos gentis illius est, equitare, jaculari, cursu cum æqualibus certare, et, cum omnis gloria anteiret, omnibus tamen carus esse ; ad hoc pleraque tempora in venando agere, leonem atque alias feras primus aut in primis ferire, plurimum facere, minumum ipse de se loqui.

Salluste. Jugurtha, ch. VI.

# XXI

### Portrait de Catilina.

Lucius Catilina, nobili genere natus, fuit magna vi et animi et corporis, sed ingenio malo pravoque. Huic ab adolescentia bella intestina, cædes, rapinæ, discordia civilis, grata fuere ; ibique juventutem suam exercuit. Corpus patiens inediæ, vigiliæ, algoris, supra quam cuiquam credibile est. Animus audax, subdolus, varius ; cujuslibet rei simulator ac dissimulator, alieni adpetens, sui profusus, ardens in cupiditatibus ; satis eloquentiæ, sapientiæ parum. Vastus animus immoderata, incredibilia, nimis alta semper cupiebat.

Salluste. Catilina, ch. V.

---

# XXII

### Portrait de Pompée.

Fuit hic genitus matre Lucilia, stirpis senatoriæ : forma excellens, non ea, qua flos commendatur ætatis, sed ex dignitate constanti, quæ in illam conveniens amplitudinem, fortunam quoque ejus ad ultimum vitæ comitata est diem. Innocentia eximius, sanctitate præcipuus, eloquentia medius. Potentiæ, quæ honoris causa ad eum deferretur, non, ut ab eo occuparetur, cupidissimus. Dux bello peritissimus, civis in toga (nisi ubi vereretur ne quem haberet parem) modestissimus, amicitiarum tenax, in offensis exorabilis, in reconciliata gratia

fidelissimus; in accipienda satisfactione facillimus;
potentia nunquam aut raro ad inpotentiam usus;
pene omnium vitiorum expers, nisi numeraretur
inter maxima, in civitate libera, dominaque gentium, indignari, cum omnes cives jure haberet
pares, quemquam æqualem dignitate conspicere.
Hic a toga virili assuetus commilitio prudentissimi
ducis parentis sui, bonum et capax rectæ discendi
ingenium, singulari rerum militarium prudentia
excoluit; ut a Sertorio Metellus laudaretur magis,
Pompeius timeretur validius.

Velleius Paterculus, liv. II, ch. 21.

## XXIII

### La Judée.

Opes [Judæis] ex vectigalibus opobalsami cre-
vere, quod in his tantum regionibus gignitur. Est
namque vallis quæ continuis montibus, velut muro
quodam, ad instar castrorum clauditur. Spatium loci
ducenta jugera, nomine Hierichus dicitur. In ea
valle silva est, et ubertate et amœnitate insignis :
si quidem palmeto et opobalsamo distinguitur.
Arbores opobalsami, formam similem piceis arboribus habent, nisi quod sunt humiles magis et in
vinearum morem excoluntur. Hæ certo anni tempore
balsamum fudant. Sed non minor loci ejus aprici-
tatis quam ubertatis admiratio est : quippe cum
toto orbe regionis ejus ardentissimus sol fit, ibi
tepidi aeris naturalis quædam ac perpetua apricitas
inest. In ea regione locus est, qui propter magni-

tudinem et aquæ immobilitatem, Mortuum Mare
dicitur. Nam neque ventis movetur, resistente tur-
binibus bitumine, quo aqua omnis stagnatur; neque
navigationis patiens est, quoniam omnia vita carentia
in profundum merguntur : nec materiam ullam
sustinet, nisi quæ alumine illinatur.

Justin, liv. 36, ch. 3.

## XXIV

### La Phénicie au temps des Empereurs romains.

Phœnicen illustravere Phœnices, solers hominum genus, et ad belli pacisque munia eximium;
litteras et litterarum operas, aliasque etiam artes,
maria navibus adire, classe confligere, imperitare
gentibus, regnum præliumque commenti. In ea est
Tyros, aliquando insula, nunc annexa terris deficit,
quod ab impugnante quondam Alexandro jacta
opera vici tenent. Ulterior et adhuc opulenta Sidon,
antequam a Persis caperetur, maritimarum urbium
maxima. Ab ea ad promontorium Euprosopon duo
sunt oppida, Byblos et Botrys : ultra tria ferunt,
singulis inter se stadiis distantia; locus ex numero
Tripolis dicitur.

Pomponius Méla. Description de la terre, liv. 1, ch. 12.

## XXV

### Le mont Atlas.

E mediis hunc arenis in cœlum attolli prodide-
runt, asperum, squalentem, qua vergat ad littora

Oceani, cui cognomen imposuit : eumdem opacum, nemorosumque, et scatebris fontium riguum, qua spectet Africam, fructibus omnium generum sponte ita subnascentibus, ut nunquam satietas voluptatibus desit. Incolarum neminem interdiu cerni : silere omnia, haud alio, quam solitudinum horrore : subire tacitam religionem animos propius accedentium, præterque horrorem elati super nubila, atque in viciniam lunaris circuli. Eumdem noctibus micare crebris ignibus, Ægipanum Satyrorumque lascivia impleri, tibiarum ac fistulæ cantu, tympanorumque et cymbalorum sonitu strepere. Hæc celebrati auctores prodidere, præter Herculi et Perseo laborata ibi. Spatium ad eum immensum incertumque.

Pline l'Ancien, Hist. nat., liv. V, ch. I.

# XXVI

### Les Indiens dans l'antiquité.

.... Vita mitioribus populis Indorum multipartita degitur. Alii tellurem exercent, militiam alii capessunt, merces alii suas evehunt : res publicas optimi ditissimique temperant, judicia reddunt, regibus assident. Quintum genus celebratæ illic, et prope in religionem versæ sapientiæ deditum, voluntaria semper morte vitam accenso prius rogo finit. Unum super hæc est semiferum ac plenum laboris immensi, et quo supra dicta continentur, venandi elephantes domandique. Iis arant, iis vehuntur, hæc maxime novere pecuaria : iis militant, dimicantque pro finibus. Delectum in bella, vires, et ætas, atque magnitudo faciunt.

Pline l'Ancien. Hist. nat., liv. VI, ch. 22.

## XXVII

### Mœurs des Parthes.

Carne non nisi venatibus quæsita vescuntur. Equis omni tempore vectantur : illis bella, illis convivia, illis publica ac privata officia obeunt : super illos ire, consistere, mercari, colloqui. Hoc denique discrimen inter servos liberosque est, quod servi pedibus, liberi non nisi equis incedunt. Sepultura vulgo, aut avium, aut canum laniatus est. Nuda demum ossa terra obruunt. In superstitionibus atque cura deorum, præcipua omnibus veneratio est. Ingenia genti tumida, seditiosa, fraudulenta, procacia : quippe violentiam viris, mansuetudinem mulieribus assignant. Semper aut in externos aut in domesticos motus inquieti : natura taciti : ad faciendum quam ad dicendum promptiores : proinde secunda adversaque silentio tegunt. Principibus metu non pudore parent. In libidinem projecti, in cibum parci. Fides dictis promissisque nulla, nisi quatenus expedit.

Justin, liv. 41, ch. 3.

## XXVIII

### Mœurs des Suèves.

Suevorum gens est longe maxima et bellicosissima Germanorum omnium. Hi centum pagos ha-

bere dicuntur, ex quibus quotannis singula millia
armatorum bellandi causa ex finibus educunt.
Reliqui, qui domi manserunt, se atque illos alunt.
Hi rursus in vicem anno post in armis sunt, illi
domi remanent. Sic neque agri cultura nec ratio
atque usus belli intermittitur. Sed privati ac sepa-
rati agri apud eos nihil est, neque longius anno
remanere uno in loco incolendi causa licet. Neque
multum frumento, sed maximam partem lacte atque
pecore vivunt, multumque sunt in venationibus ;
quæ res et cibi genere et quotidiana exercitatione
et libertate vitæ, quod a pueris nullo officio aut
disciplina assuefacti nihil omnino contra voluptatem faciant, et vires alit et immani corporum
magnitudine efficit. Atque in eam se consuetudinem adduxerunt, ut locis frigidissimis neque
vestitus præter pelles habeant quicquam, quarum
propter exiguitatem magna est corporis pars aperta,
et lavantur in fluminibus.

César. Guerre des Gaules, liv. IV, ch. ɪ.

# XXIX

### Superstitions et divinités de la Gaule.

I. — Natio est omnium Gallorum admodum
dedita religionibus ; atque ob eam causam, qui
sunt affecti gravioribus morbis, quique in præliis
periculisque versantur, aut pro victimis homines
immolant, aut se immolaturos vovent, adminis-
trisque ad ea sacrificia Druidibus utuntur ; quod
pro vita hominis nisi hominis vita reddatur, non

posse deorum immortalium numen placari arbitrantur : publiceque ejusdem generis habent instituta sacrificia. Alii immani magnitudine simulacra habent, quorum contexta viminibus vivis membra hominibus complent, quibus succensis, circumventi flamma exanimantur homines. Supplicia eorum, qui in furto, aut in latrocinio, aut aliqua noxa sint comprehensi, gratiora diis immortalibus esse arbitrantur : sed, quum ejus generis copia defecit, etiam ad innocentium supplicia descendunt.

II. — Deum maxime Mercurium colunt : hujus sunt plura simulacra, hunc omnium inventorem artium ferunt, hunc viarum atque itinerum ducem, hunc ad quæstus pecuniæ mercaturasque habere vim maximam arbitrantur. Post hunc, Apollinem et Martem et Jovem et Minervam : de his eamdem fere, quam reliquæ gentes, habent opinionem ; Apollinem morbos depellere, Minervam operum atque artificiorum initia tradere ; Jovem imperium cœlestium tenere ; Martem bella regere. Huic, quum prælio dimicare constituerunt, ea quæ bello ceperint, plerumque devovent. Quæ superaverint animalia, capta immolant ; reliquasque res in unum locum conferunt. Multis in civitatibus harum rerum exstructos tumulos locis consecratis conspicari licet : neque sæpe accidit ut neglecta quispiam religione aut capta apud se occultare, aut posita tollere auderet, gravissimumque ei rei supplicium cum cruciatu constitutum est.

César. Guerre des Gaules, liv. III, ch. XVI-XVII.

# XXX

**Peuples de l'île de Bretagne; — Leur pays; — Leurs mœurs.**

Britanniæ pars interior ab iis incolitur, quos natos in insula ipsa memoria proditum dicunt : maritima pars ab iis, qui prædæ ac belli inferendi causa ex Belgio transierant ; qui omnes fere iis nominibus civitatum appellantur, quibus orti ex civitatibus eo pervenerunt et bello illato ibi remanserunt atque agros colere cœperunt. Hominum est infinita multitudo, creberrimaque ædificia, fere Gallicis consimilia : pecorum magnus numerus. Utuntur aut ære, aut nummo aureo, aut taleis ferreis ad certum pondus examinatis, pro nummo. Nascitur ibi plumbum album in mediterraneis regionibus, in maritimis ferrum ; sed ejus exigua est copia ; ære utuntur importato. Materia cujusque generis, ut in Gallia, est, præter fagum atque abietem. Leporem et gallinam et anserem gustare, fas non putant ; hæc tamen alunt animi voluptatisque causa. Loca sunt temperatiora quam in Gallia, remissioribus frigoribus.

César. Guerre des Gaules, liv. V, ch. XII.

# CLASSE DE SIXIÈME

## DEUXIÈME PARTIE

ANECDOTES; DESCRIPTIONS; ETC.

## XXXI

### Trait de reconnaissance de Darius.

Darius, privatæ adhuc fortunæ, amiculo Sylosontis Samii delectatus, curiosiore contemplatione fecit, ut ultro sibi, et quidem a cupido daretur. Cujus muneris quam grata æstimatio animo ejus esset allapsa, regno potitus ostendit : totam namque urbem et insulam Samiorum Sylosonti fruendam tradidit. Non enim pretium rei æstimatum, sed occasio liberalitatis est honorata; magisque a quo donum proficisceretur, quam ad quem perveniret, provisum.

Valère-Maxime, liv. V, ch. II; exter. § 1.

## XXXII

### Procès de Sophocle.

Manent ingenia senibus, modo permaneat studium et industria : nec ea solum in claris et honoratis viris, sed in vita etiam privata et quieta.

Sophocles ad summam senectutem tragœdias fecit :
quod propter studium, cum rem familiarem negli-
gere videretur, a filiis in judicium vocatus est, ut,
quemadmodum nostro more male rem gerentibus
patribus bonis interdici solet, sic illum quasi desi-
pientem, a re familiari removerent judices. Tum
senex dicitur eam fabulam, quam in manibus habebat, et proxime scripserat, Œdipum Coloneum reci-
tasse judicibus, quæsisseque, num illud carmen
desipientis videretur. Quo recitato, sententiis judi-
cum est liberatus.

Cicéron. De senectute, ch. vii.

# XXXIII

### Apelle et le cordonnier.

Apelli fuit alioqui perpetua consuetudo, numquam
tam occupatam diem agendi, ut non lineam ducendo
exerceret artem, quod ab eo in proverbium venit.
Idem perfecta opera proponebat in pergula trans-
euntibus, atque ipse post tabulam latens, vitia quæ
notarentur auscultabat, vulgum diligentiorem judi-
cem, quam se præferens : feruntque a sutore repre-
hensum, quod in crepidis una intus pauciores
fecisset ansas : eodem, postero die, superbo emen-
datione pristinæ admonitionis, cavillante circa crus,
indignatum prospexisse, denuntiantem, ne supra
crepidam sutor judicaret, quod et ipsum in proverbium venit.

Pline l'Ancien. Hist. nat., liv. XXXV, ch. xxxvi.

## XXXIV

### Invention du chapiteau Corinthien.

[Corinthii]... capituli prima inventio sic memoratur esse facta. Virgo civis Corinthia, jam matura nuptiis, implicita morbo decessit : post sepulturam ejus, quibus ea virgo joculis delectabatur, nutrix collecta et composita in calatho pertulit ad monumentum, et in summo collocavit, et uti ea permanerent diutius sub divo, tegula texit. Is calathus fortuito supra acanthi radicem fuerat collocatus : interim pondere pressa radix acanthi media folia et cauliculos circa vernum tempus profudit, cujus cauliculi secundum calathi latera crescentes, et ab angulis tegulæ ponderis necessitate expressi, flexuras in extremas partes volutarum facere sunt coacti. Tunc Callimachus, qui propter elegantiam et subtilitatem artis marmoreæ ab Atheniensibus Κατάτεχνος fuerat nominatus, præteriens hoc monumentum animadvertit eum calathum et circa foliorum nascentem teneritatem, delectatusque genere et formæ novitate ad id exemplar columnas apud Corinthios fecit, symmetriasque constituit ex eo, quod in operum perfectionibus Corinthii generis distribuit rationes.

Vitruve. De l'architecture, liv. IV, ch. 1.

## XXXV

### Exemple de grande force d'âme.

Xenophon,.... quod ad Socraticam disciplinam attinet, proximus a Platone felicis ac beatæ facun-

diæ gradus, cum solenne sacrificium perageret,
duobus filiis majorem natu, nomine Gryllum, apu
Mantineam in prælio cecidisse cognovit : nec ide
institutum deorum cultum omittendum putavit, se
tantummodo coronam deponere contentus fui
Quam ipsam, percunctatus quonam modo occidisse
ut audivit fortissime pugnantem interiisse, capi
reposuit, numina, quibus sacrificabat, testatus, m
jorem se ex virtute filii voluptatem, quam ex mor
amaritudinem sentire. Alius removisset hostian
abjecisset alteria, lacrymis respersa thura disje
cisset : Xenophontis corpus religioni immobile steti
et animus in consilio prudentiæ stabilis : ac dolo
succumbere, ipsa clade, quæ nuntiata erat, tristi
duxit.

Valère-Maxime, liv. V, ch. x ; exter. § 2.

# XXXVI

### Fermeté d'un enfant macédonien.

Vetusto Macedoniæ more, regi Alexandro nob
lissimi pueri præsto erant sacrificanti. Ex iis unu
turibulo arrepto, ante ipsum adstitit ; in cuj
brachium carbo ardens delapsus est : quo etsi i
urebatur, ut adusti corporis ejus odor ad circun
stantium nares perveniret, tamen et dolorem silent
pressit, et brachium immobile tenuit, ne sacri
cium Alexandri aut excusso turibulo impedire
aut edito gemitu aures regias adspergeret. Rex, qu
est patientia pueri magis delectatus, hoc certi
perseverantiæ experimentum sumere voluit : co

sulto enim sacrificavit diutius, nec hac re eum a proposito repulit. Si huic miraculo Darius inseruisset oculos, scisset ejus stirpis milites vinci non posse, cujus infirmam ætatem tanto robore præditam animadvertisset.

Valère-Maxime, liv. III, ch. III, § 1.

# XXXVII

### Force d'Âme de Posidonius.

Solebat narrare Pompeius, se, cum Rhodum venisset decedens ex Syria, audire voluisse Posidonium : sed cum audivisset eum graviter esse ægrum, quod vehementer ejus artus laborarent, voluisse tamen nobilissimum philosophum visere : quem ut vidisset et salutavisset, honorificisque verbis prosecutus esset, molesteque se dixisset ferre, quod eum non posset audire ; at ille : « Tu vero, inquit, potes ; nec committam ut dolor corporis efficiat ut frustra tantus vir ad me venerit. » Itaque narrabat, eum graviter et copiose de hoc ipso : « Nihil esse bonum, nisi quod honestum esset, cubantem disputavisse : eumque quasi faces ei doloris admoverentur, sæpe dixisse : « Nihil agis, dolor : quamvis sis molestus, nunquam te esse confitebor malum. »

Cicéron (Tusculanes, II, 25).

# XXXVIII

### Damoclès et Denys le tyran.

Cum quidam ex [Dionysii] assentatoribus, Damocles, commemoraret in sermone copias ejus, opes, majestatem dominatus, rerum abundantiam, magnificentiam ædium regiarum, negaretque unquam beatiorem quemquam fuisse : « Visne igitur, « inquit, o Damocle, quoniam hæc te vita delectat, « ipse eamdem degustare, et fortunam experiri « meam. » Cum se ille cupere dixisset, collocari jussit hominem in aureo lecto, strato pulcherrimo, textili stragulo, magnificis operibus picto; abacosque complures ornavit argento auroque cælato. Tum ad mensam eximia forma pueros delectos jussit consistere, eosque nutum illius intuentes diligenter ministrare. Aderant unguenta, coronæ : incendebantur odores : mensæ conquisitissimis epulis exstruebantur. Fortunatus sibi Damocles videbatur. In hoc medio apparatu, fulgentem gladium e lacunari seta equina aptum, demitti jussit, ut impenderet illius beati cervicibus. Itaque nec pulchros illos ministratores adspiciebat, nec plenum artis argentum, nec manum porrigebat in mensam; jam ipsæ defluebant coronæ : denique exoravit tyrannum, ut abire liceret, quod jam beatus nollet esse.

Cicéron. (Tusculanes, V, 21.)

# XXXIX

### Impiété de Denys de Syracuse.

Syracusis Dionysius genitus,... sacrilegia sua,... jocosis dictis prosequi voluptatis loco duxit : fano enim Proserpinæ spoliato Locris, cum per altum secundo vente classe veheretur, ridens, amicis : « Videtisne, ait, quam bona navigatio ab ipsis diis immortalibus sacrilegis tribuatur ? » Detracto etiam Jovi Olympio magni ponderis aureo amiculo, quo eum tyrannus Gelo e manubiis Carthaginensium ornaverat, injectoque ei laneo pallio, dixit : « æstate grave amiculum aureum esse, hieme frigidum : laneum autem ad utrumque tempus anni aptius. » Idem Epidauri Æsculapio barbam auream demi jussit : quod affirmaret : « non convenire patrem Apollinem imberbem, ipsum barbatum conspici. » Idem mensas argenteas atque aureas e fanis sustulit : quodque in his more Græciæ scriptum erat, bonorum deorum eas esse, uti se bonitate eorum prædicavit. Idem Victorias aureas et pateras et coronas, quæ simulacrorum porrectis manibus sustinebantur, tollebat, et « eas se accipere, non auferre, dicebat ; perquam stultum esse argumentando, a quibus bona precamur, ab his porrigentibus nolle sumere. » Qui tametsi debita supplicia non exsolvit, dedecore tamen filii, mortuus pœnas rependit, quas vivus effugerat. Lento enim gradu ad vindictam sui divina procedit ira : tarditatemque supplicii gravitate compensat.

Valère-Maxime, liv. I, ch. 1; exter. § 3.

## XL

### Incendie de Persépolis par Alexandre et ses courtisans.

Omnes incaluerant mero ; itaque surgunt temulenti ad incendendam urbem cui armati pepercerant. Primus rex ignem regiæ injecit ; tum convivæ et ministri pellicesque. Multa cedro ædificata erat regia ; quæ, celeriter igne concepto, late fudit incendium. Quod ubi exercitus, qui haud procul ab urbe tendebat, conspexit, fortuitum ratus, ad opem ferendam concurrit ; sed, ut ad vestibulum regiæ ventum est, vident regem ipsum adhuc aggerentem faces. Omissa igitur quam portaverant aqua, aridam materiam in incendium jacere cœperunt. Hunc exitum habuit regia totius Orientis, unde tot gentes ante jura petebant, patria tot regum, unicus quondam Græciæ terror.

Quinte-Curce, liv. V, ch. vii.

## XLI

### Popilius et Antiochus.

C. Popilius, a senatu legatus ad Antiochum missus, ut bello se, quo Ptolemæum lacessebat, abstineret : cum ad eum venisset, atque is prompto animo et amicissimo vultu dextram ei porrexisset, invicem ei suam porrigere noluit, sed tabellas senatusconsultum continentes tradidit. Quas ut legit Antiochus, dixit se cum amicis collocuturum.

Indignatus Popilius, quod aliquam moram inter-
posuisset, virga solum, quo insistebat, denotavit,
et, « prius, inquit, quam hoc circulo excedas, da
responsum, quod senatui referam. » Non legatum
locutum, sed ipsam curiam ante oculos positam
crederes : continuo enim rex affirmavit, fore, ne
amplius de se Ptolemæus quereretur. Ac tum
demum Popilius manum ejus tanquam socii apprehendit. Quam efficax est animi sermonisque abscisa
gravitas ! Eodem momento Syriæ regnum terruit,
Ægypti texit.

Valère-Maxime, liv. VI, ch. IV, § 3.

## XLII

**Présage de la grandeur future de Lucumon.**

Lucumo Græci Demarati filius, ac Aruntis frater,
generosus adolescens, quum parente apud Tarqui-
nios defuncto, divenditis bonis omnibus Romam mi-
graret, Janiculoque jam appropinquaret, in carpento
cum uxore sedenti, aquila e sublimi dimissa pileum
sustulit; atque mox super carpentum cum magno
clangore volitans, rursus velut ministerio divinitus
missa, capiti apte reposuit. Quo viso, Tanaquil au-
guriorum perita, eo prodigio regnum ei portendi
intellexit. Pecunia igitur et industria dignitatem,
atque etiam Anci regis familiaritatem consecutus,
atque ab eodem tutor liberis relictus, dum Tarquinii
Prisci nomen sibi vindicaret, post Anci mortem regnum intercepit, atque ita administravit, quasi jure
adeptus fuisset.

Jul. Obsequens. — Prodigiorum libellus, § 4.

## XLIII

### Trait d'honnêteté de C. Fabricius.

Quum rex Pyrrhus populo Romano bellum ultro intulisset, quumque de imperio certamen esset cum rege generoso, ac potente; perfuga ab eo venit in castra Fabricii, eique est pollicitus, si præmium sibi proposuisset, se, ut clam venisset, sic clam in Pyrrhi castra rediturum, et eum veneno necaturum. Hunc Fabricius reducendum curavit ad Pyrrhum : idque factum ejus laudatum a senatu est. Atqui si speciem utilitatis opinionemque quærimus, magnum illud bellum perfuga unus, et gravem adversarium imperii sustulisset : sed magnum dedecus et flagitium, quicum laudis certamen fuisset, eum non virtute, sed scelere superatum.

Cicéron. De officiis, liv. III, xxii.

## XLIV

### Comment un âne enseigne à Marius la route pour échapper à Sylla.

C. Mario observatio ominis procul dubio saluti fuit, quo tempore hostis a senatu judicatus, in domum Fanniæ Minturnis custodiæ caussa deductus est. Animadvertit enim asellum, cum ei pabulum objiceretur, neglecto eo, ad aquam procurrentem. Quo spectaculo, deorum providentia quod sequeretur, oblatum ratus, alioquin etiam interpretandarum religionum peritissimus, a multitudine, quæ ad

opem illi ferendam confluxerat, impetravit, ut ad
mare perduceretur ; ac protinus naviculam conscendit, eaque in Africam pervectus, arma Sullæ
victricia effugit.

Valère-Maxime, liv. I, ch. v, § 5.

## XLV

### Comment un Pythagoricien paya une dette à un mort.

Pythagoricus quidam emerat a sutore phæcasia,
rem magnam, non præsentibus nummis. Post aliquot dies venit ad tabernam, redditurus ; et quum
clausam diu pulsaret, fuit qui diceret : « Quid per-
dis operam tuam? sutor ille quem quæris, elatus,
combustus est. Quod nobis fortasse molestum est,
qui in æternum nostros amittimus, tibi minime, qui
scis futurum, ut renascatur ; » jocatus in Pythago-
ricum. At philosophus noster tres aut quatuor denarios, non invita manu, domum retulit, subinde con-
cutiens. Deinde quum reprehendisset hanc suam
non reddendi tacitam voluptatem, intelligens arri-
sisse sibi illud lucellum, redit ad eamdem tabernam, et ait : « Ille tibi vivit : redde quod debes. »
Deinde per claustrum, qua se commissura laxave-
rat, quatuor denarios in tabernam inseruit, ac
misit, pœnas a se exigens improbæ cupiditatis, ne
alieno assuesceret.

Sénèque. Des bienfaits, liv. VII, ch. xxi.

4.

## XLVI

**Cicéron annonce sa prochaine visite à son ami
Pœtus.**

Cicero Papirio Pœto.

Heri veni in Cumanum : cras ad te fortasse. Sed
cum certum sciam, faciam te paullo ante certiorem.
Etsi M. Ceparius, cum mihi in silva Gallinaria obviam venisset, quæsissemque, quid ageres, dixit te
in lecto esse, quod ex pedibus laborares. Tuli scilicet moleste, ut debui : sed tamen constitui ad te
venire, ut et viderem te, et viserem, et cœnarem
etiam. Non enim arbitror cocum etiam te arthriti-
cum habere. Exspecta igitur hospitem cum minime
edacem, tum inimicum cœnis sumptuosis.

Cicéron. Ad diversos, liv. IX, épît. xxiii.

## XLVII

**Comment Antius Restio, grâce à un de ses
esclaves, échappa à la mort.**

Antius Restio, proscriptus a triumviris, cum
omnes domesticos circa rapinam et prædam occu-
patos videret ; quam maxime poterat dissimulata
fuga se penatibus suis intempesta nocte subduxit.
Cujus furtivum egressum servus, ab eo vinculorum
pœna coercitus, inexpiabilique literarum nota per
summam oris contumeliam inustus, curiosis specu-
latus oculis, ac vestigia huc atque illuc errantia
benevolo studio subsecutus, lateri voluntarius co-

mes adrepsit. Quo quidem tam exquisito tamque
ancipiti officio perfectissimum spectatæ pietatis cu-
mulum expleverat. His enim, quorum felicior in
domo status fuerat, lucro intentis, ipse, cum nihil
aliud quam umbra et imago suppliciorum suorum
esset, maximum sibi emolumentum, ejus, a quo
tam graviter punitus erat, salutem, vindicavit. Cumque abunde foret iram remittere, adjecit etiam cari-
tatem : nec hactenus benevolentia processit, sed in
eo conservando mira quoque arte usus est. Nam ut
sensit, cupidos sanguinis milites supervenire, amoto
domino rogum exstruxit, eique egentem a se com-
prehensum et occisum senem superjecit. Interro-
gantibus deinde militibus, ubinam esset Antius;
manum rogo intentans, ibi illum datis sibi crudelitatis piaculis uri respondit. Quia verisimilia loque-
batur, habita est voci fides : quo evenit, ut Antius
statim qnærendæ incolumitatis occasionem asse-
queretur.

Valère-Maxime, liv. VI, ch. VIII, § 7.

## XLVIII

### Magie de Crésinus.

C. Furius Cresinus, e servitute liberatus, quum
in parvo admodum agello largiores multo fructus
perciperet quam ex amplissimis vicinitas, in invidia
magna erat, ceu fruges alienas pelliceret veneficiis.
Quomobrem a Sp. Albino curuli die dicta, metuens
damnationem, quum in suffragium tribus oporteret
ire, instrumentum rusticum omne in forum attulit,

et adduxit familiam validam, atque bene curatam
ac vestitam, ferramenta egregie facta, graves ligones, vomeres ponderosos, boves saturos. Postea
dixit : « Veneficia mea, Quirites, hæc sunt; nec
possum vobis ostendere aut in forum adducere lu-
cubrationes meas vigiliasque et sudores. » Omnium
sententiis absolutus itaque est. Profecto opera, non
impensa, cultura constat. Et ideo majores fertilissi-
mum in agro oculum domini esse dixerunt.

Pline l'Ancien. Hist. nat., liv. XVIII, ch. viii.

## XLIX

### Saint Hilarion surpris par des brigands.

Quum habitaret [Hilarion] adhuc in tuguriolo
annos natus decem et octo, latrones ad eum nocte
venerunt, vel æstimantes habere aliquid quod tol-
lerent, vel in contemptum suî reputantes fieri, si
puer solitarius eorum impetus non pertimesceret.
Itaque inter mare et paludem a vespere usque ad
solis ortum discurrentes, nunquam locum cubilis
ejus invenire potuerunt. Porro clara luce reperto
puero, quasi per jocum : « Quid, inquiunt, faceres,
si latrones ad te venirent? » — Quibus ille respondit :
« Nudus latrones non timet. » — Et illi : « Certe,
aiunt, occidi potes. » — « Possum, inquit, possum :
et ideo latrones non timeo, quia mori paratus sum. »
Tunc admirati constantiam ejus et fidem, confessi
sunt errorem cæcatosque oculos, correctiorem
deinceps vitam pollicentes.

Saint Jérôme. Vie de saint Hilarion, ermite.

# L

## Antiquité de la vie des champs.

Cum duæ vitæ traditæ sint hominum, rustica et urbana,... dubium non est, quin hæ non solum loco discretæ sint, sed etiam tempore diversam originem habeant. Antiquior enim multo rustica, quod fuit tempus, cum rura colerent homines, neque urbem haberent. Etenim vetustissimum oppidum cum sit traditum Græcum, Bœotiæ Thebæ, quod rex Ogyges ædificavit ; in agro romano Roma, quam Romulus rex : (nam in hoc nunc denique est, ut dici possit, non cum Ennius scripsit, « Septingenti sunt paulo plus aut minus anni, augusto augurio postquam inclita condita Roma est. ») Thebæ, quæ ante cataclysmon Ogygi conditæ dicuntur, eæ tamen circiter duo millia annorum et centum sunt. Quod tempus si referas ad illud principium, quo agri coli sunt cœpti, atque in casis et tuguriis habitabant, nec murus nec porta quid esse sciebant : immani numero annorum urbanos agricolæ præstant. Nec mirum, quod divina natura dedit agros, ars humana ædificavit urbes. Cum artes omnes dicantur in Græcia intra mille annorum repertæ, agri nunquam non fuerint in terris, qui coli possint.

Varron. De l'agriculture, liv. III, ch. i.

## LI

### Le lever du vieillard Simulus.

Jam nox hibernas bis quinque peregerat horas,
Excubitorque diem cantu prædixerat ales ;
*Simulus* exigui cultor quum rusticus agri,
Tristia venturæ metuens jejunia lucis,
Membra levat sensim, vili demissa grabato,
Sollicitaque manu tenebras explorat inertes,
Vestigatque focum ; læsus quem denique sensit.
Parvulus exusto remanebat stipite fumus,
Et cinis obductæ celabat lumine prunæ :
Admovet his pronam, submissa fronte, lucernam,
Et producit acu stupas humore carentes,
Excitat et crebris languentem flatibus ignem.
Tandem concepto tenebræ fulgore recedunt ;
Oppositaque manu lumen defendit ab aura,
Et reserat clausa, quæ prævidet, ostia clavi.

Extrait du Moretum, poème attribué à Virgile,<br>(vers 1-15).

## LII

### Sur les oiseaux.

Aliæ aves ad manum se subjiciunt, et mensæ
herili assuescunt, tactuque mulcentur ; aliæ formi-
dant ; aliæ iisdem quibus homines domiciliis delec-
tantur ; aliæ secretam in desertis vitam diligunt,
quæ requirendi sibi victus difficultatem libertatis
amore compensant. Aliæ vocibus tantum strepunt ;

aliæ canoro delectant suavique modulamine. Quædam ex natura, aliæ ex institutione, diversarum
vocum obloquuntur discrimina; ut hominem putes
locutum, quum locuta sit avis. Quam dulcis meru-
larum, quam expressa vox psittaci est! Sunt etiam
aliæ simplices, ut columbæ; aliæ astutæ, ut per-
dices; gallus jactantior, pavus speciosior. Sunt
etiam vitæ in avibus et operum diversitates; ut aliæ
ament in commune consulere, et collatis viribus velut
quamdam curare rempublicam, et tanquam sub
rege vivere; aliæ sibi quæque prospicere, imperium
recusare, et, si capiantur, indigno velint exire servitio.

Saint Ambroise. Hexameron, liv. V.

# LIII

### Sur la mort du perroquet d'Atédius Méllor.

Psittace, dux volucrum, domini facunda voluptas,
Humanæ solers imitator, Psittace, linguæ,
Quis tua tam subito præclusit murmura fato ?
Hesternas, miserande, dapes moriturus inisti
Nobiscum; et gratæ carpentem munera mensæ,
Errantemque toris mediæ plus tempore noctis
Vidimus : affatus etiam meditataque verba
Reddideras ; at nunc æterna silentia Lethes
Ille canorus habes. Cedat Phaëthontia vulgi
Fabula ; nec soli celebrant sua funera cycni.
At tibi quanta domus testudine fulgens,
Connexusque ebori virgarum argenteus ordo,
Argutumque tuo stridentia limina cornu !

En querulæ jam sponte fores ! Vacat ille beatus
Carcer, et angusti nusquam convicia tecti.

Stace. Silve 4, liv. II.

## LIV

### Description de la Jérusalem céleste.

Civitas in quadro posita est ; et longitudo ejus
tanta est quanta et latitudo ; et mensus est [angelus]
civitatem arundine aurea per stadia duodecim millia,
et longitudo et altitudo ejus æqualia sunt. Et
mensus est murum ejus centum quadraginta quatuor cubitum, mensura hominis quæ est angeli.
Et erat structura muri ejus ex lapide jaspide ; ipsa
vero civitas, aurum mundum simile vitro mundo.
Et fundamenta muri civitatis omni lapide pretioso
ornata. Fundamentum primum, jaspis ; secundum sapphirus ; tertium, chalcedonius ; quartum,
smaragdus ; quintum, sardonyx ; sextum, sardius ;
septimum, chrysolithus ; octavum, beryllus ; nonum,
topazius ; decimum, chrysoprasus ; undecimum,
hyacinthus ; duodecimum, amethystus. Et duodecim
portæ, duodecim margaritæ sunt per singulas ; et
singulæ portæ erant ex singulis margaritis ; et platea
civitatis aurum mundum, tanquam vitrum perluci-
dum........ Et civitas non eget sole, neque luna ut
luceant in ea : nam claritas Dei illuminavit eam.

Saint Jérôme. Novum Testam., vulg. edit.<br>
Apocalypsis Joannis apostoli, ch. xxi, versets 16-23.

# LV

## Maison de campagne de Scipion l'Africain.

Vidi villam structam lapide quadrato; murum circumdatum silvæ; turres quoque in propugnaculum villæ utrimque subrectas; cisternam ædificiis ac viridibus sub ditam, quæ sufficere in usum vel exercitus posset; balneolum angustum, tenebricosum, ex consuetudine antiqua : non videbatur majoribus nostris caldum, nisi obscurum. Magna ergo me voluptas subiit, contemplantem mores Scipionis ac nostros. In hoc angulo ille Carthaginis horror, cui Roma debet, quod tantum semel capta est, abluebat corpus laboribus rusticis fessum; exercebat enim opere se, terramque (ut mos fuit priscis) ipse subigebat. Sub hoc ille tecto tam sordido stetit : hoc illum pavimentum tam vile sustinuit ! At nunc quis est, qui sic lavari sustineat ?

Sénèque. Epître LXXXVI, à Lucilius.

# LVI

## Hortulus.

Adeste Musæ, maximi proles Jovis;
Laudes feracis prædicemus hortuli.
Hortus salubres corpori præbet cibos,
Variosque cultus sæpe cultori refert ;
Olus suave, multiplex herbæ genus ;
Uvas nitentes, atque fœtus arborum.
Non desit hortis et voluptas maxima,

Multisque mixta commodis jucunditas.
Aquæ strepentis vitreus ambit liquor,
Sulcoque ductus irrigat rivus sata :
Flores nitescunt discolore gramine,
Pinguntque terras gemmeis honoribus.
Apes susurro murmurant gratæ levi,
Quum summa florum vel novos rores legunt.
Fecunda vitis conjuges ulmos gravat,
Textasve inumbrat pampinus arundines.
Opaca præbent arbores umbracula,
Prohibentque densis fervidum solem comis.
Aves canoros garrulæ fundunt sonos,
Et semper auras cantibus mulcent suis.
Oblectat hortus, advocat, pascit, tenet,
Animoque mœsto demit angores graves :
Membris vigorem reddit, et visum capit ;
Refert labori pleniorem gratiam ;
Tribuit colenti multiforme gaudium.

(Pièce de vers attribuée à Virgile.)

## LVII

**Description du tombeau élevé par un berger à un mouton.**

Telluris tumulus formatum crevit in orbem :
Quem circum lapidem lævi de marmore formans
Conserit assiduæ curæ memor : hic et acanthus,
Et rosa purpureo crescit rubicunda colore,
Et violæ genus omne hic est, et Spartica myrtus.
Atque hyacinthus, et hic Cilici crocus editus arvo ;
Laurus item Phœbi surgens decus ; hic rhododaphne,

Liliaque, et roris non avia cura marini,
Herbaque turis opes priscis imitata Sabina,
Chrysanthusque, ederæque nitor, pallente corymbo,
Et Bocchus Libyæ regis memor ; hic amarantus,
Buphthalmusque virens, et semper florida pinus.
Non illinc narcissus abest : cui gloria formæ
Igne Cupidineo proprios exarsit in artus ;
Et quoscumque novant vernantia tempora flores.
His tumulus super inseritur : tum fronte locatur
Elogium, tacita format quod litera voce :
« Parve culex, pecudum custos tibi tale merenti
« Funeris officium vitæ pro munere reddit. »

Extrait du Culex, poème attribué à Virgile (vers 395-413).

## LVIII

### Les quatre saisons de l'Année.

Quid ? non in species succedere quatuor Annum
Aspicis, ætatis peragentem imitamina nostræ ?
Nam tener et lactens, puerique simillimus ævo,
Vere novo est. Tunc herba nitens et roboris expers
Turget, et insolida est, et spe delectat agrestem.
Omnia tum florent, florumque coloribus almus
Ludit ager, neque adhuc virtus in frondibus ulla est.
Transit in Æstatem post Ver robustior Annus,
Fitque valens juvenis : neque enim robustior ætas
Ulla, nec uberior, nec quæ magis ardeat, ulla est.
Excipit Autumnus, posito fervore juventæ,
Maturus mitisque inter juvenemque senemque
Temperie medius, sparsus quoque tempora canis.

Inde senilis Hiems tremulo venit horrida passu,
Aut spoliata suos, aut, quos habet, alba capillos.

Ovide. Métamorphoses, liv. XV, vers 199-214.

## LIX

### Le Palais du Soleil.

Regia Solis erat sublimibus alta columnis,
Clara micante auro flammasque imitante pyropo ;
Cujus ebur nitidum fastigia summa tegebat.
Argenti bifores radiabant lumine valvæ.
Materiam superabat opus. Nam Mulciber illic
Æquora cælarat medias cingentia terras,
Terrarumque orbem, cœlumque quod imminet orbi.
Cæruleos habet unda deos, Tritona canorum,
Proteaque ambiguum, balænarumque prementem
Ægæona suis immania terga lacertis,
Dorida et natas, quarum pars nare videtur,
Pars in mole sedens virides siccare capillos,
Pisce vehi quædam. Facies non omnibus una,
Nec diversa tamen, qualem decet esse sororum.
Terra viros urbesque gerit silvasque ferasque
Fluminaque et Nymphas et cetera numina ruris.
Hæc super imposita est cœli fulgentis imago,
Signaque sex foribus dextris, totidemque sinistris.

Ovide. Métamorphoses, liv. II.

## LX

### Les inondations du Nil.

Circa Memphim demum liber, et per campestria

vagus, in plura scinditur flumina, manuque cana-
libus factis, ut sit modus in derivantium potestate,
per totam discurrit Ægyptum. Initio diducitur,
deinde continuatis aquis in faciem lati ac turbidi
maris stagnat; cursum illi violentiamque eripit
latitudo regionum, in quas extenditur, dextra læva-
que totam amplexus Ægyptum. Quantum crevit
Nilus, tantum spei in annum est. Nec computatio
fallit agricolam; adeo ad mensuram fluminis res-
pondet, quam fertilem facit Nilus. Is arenoso et
sitienti solo et aquam inducit et terram. Nam quum
turbulentus fluat, omnem in siccis atque hiantibus
locis fæcem relinquit, et quidquid pingue secum
tulit, arentibus locis allinit; juvatque agros duabus
ex causis, et quod inundat, et quod oblimat. Ita
quidquid non adiit, sterile ac squalidum jacet. Si
crevit super debitum, nocuit. Mira æque natura
fluminis, quod quum ceteri amnes abluant terras et
eviscerent, Nilus tanto ceteris major, adeo nihil
exedit, nec abradit, ut contra adjiciat vires, mini-
mumque in eo sit quod solum temperet. Illato
enim limo, arenas saturat ac jungit. Debetque illi
Ægyptus non tantum fertilitatem terrarum, sed
ipsas. Illa facies pulcherrima est, quum jam se in
agros Nilus ingessit. Latent campi, opertæque sunt
valles; oppida insularum modo exstant. Nullum in
mediterraneis, nisi per navigia commercium est.
Majorque est lætitia gentibus, quo minus terrarum
suarum vident.

Sénèque. Questions naturelles, liv. IV, ch. II.

# CLASSE DE SIXIÈME

## TROISIÈME PARTIE

### MORALE

## LXI

### Eloge de Théophraste.

« O vitæ Philosophia dux ! o virtutis indagatrix,
« expultrixque vitiorum ! quid non modo nos, sed
« omnium vita hominum sine te esse potuisset ? Tu
« urbes peperisti : tu dissipatos homines in socie-
« tatem vitæ convocasti ; tu eos inter se primo do-
« miciliis, deinde conjugiis, tum litterarum et
« vocum communione junxisti : tu inventrix legum,
« tu magistra morum et disciplinæ fuisti : ad te
« confugimus, a te opem petimus : tibi nos, ut
« antea magna ex parte, sic nunc penitus totosque
« tradimus. Est autem unus dies bene, et ex præ-
« ceptis tuis actus, peccanti immortalitati antepo-
« nendus. »

Cicéron. (Tusculanes, V, 2).

# LXII

### Regrets de Théophraste.

Theophrastus moriens accusasse naturam dicitur, quod cervis et cornicibus vitam diuturnam, quorum id nihil interesset; hominibus, quorum maxime interfuisset, tam exiguam vitam dedisset : quorum si ætas potuisset esse longinquior, futurum fuisse, ut, omnibus perfectis artibus, omni doctrina hominum vita erudiretur. Querebatur igitur, se tum, cum illa videre cœpisset, exstingui.

Cicéron. Tusculanes, III, 28.

# LXIII

### Les Sens.

Sensus autem, interpretes ac nuntii rerum, in capite, tanquam in arce, mirifice ad usus necessarios et facti et collocati sunt. Nam oculi, tanquam speculatores, altissimum locum obtinent : ex quo plurima conspicientes fungantur suo munere. Et aures quum sonum percipere debeant, qui natura in sublime fertur, recte in altis corporum partibus collocatæ sunt. Itemque nares, eo quod omnis odor ad supera fertur, recte sursum sunt : et quod cibi et potionis judicium magnum earum est, non sine causa vicinitatem oris secutæ sunt. Jam gustatus, qui sentire eorum, quibus vescimur, genera deberet, habitat in ea parte oris, qua esculentis et potulentis iter natura patefecit. Tactus autem toto cor-

pore æquabiliter fusus est, ut omnes ictus, omnesque nimios et frigoris et caloris appulsus sentire
possimus.

Cicéron. De natura Deorum, II, 56-57.

# LXIV

### Nosce te ipsum.

Est illud quidem maximum, animo ipso animum
videre : et nimirum hanc habet vim præceptum
Apollinis, quo monet, ut se quisque noscat. Non
enim, credo, id præcipit, ut membra nostra, aut
staturam, figuramve noscamus : neque nos corpora
sumus ; neque ego tibi hæc dicens, corpori tuo dico.
Cum igitur, « Nosce te, » dicit, hoc dicit : « Nosce
animum tuum. » Nam corpus quidem quasi vas est,
aut aliquod animi receptaculum. Ab animo tuo
quidquid agitur, id agitur a te. Hunc igitur nosce,
nisi divinum esset, non esset hoc acrioris cujusdam
animi præceptum, sic, ut tributum deo sit.

Cicéron. Tusculanes, I, 22.

# LXV

### L'homme a besoin d'amitié.

Quis est, pro deum fidem atque hominum ! qui
velit ut neque diligat quemquam nec ipse ab ullo
diligatur, circumfluere omnibus copiis, atque in
omnium rerum abundantia vivere ? Hæc enim est
tyrannorum vita ; in qua nimirum nulla fides, nulla

caritas, nulla stabilis benevolentiæ potest esse fiducia : omnia semper suspecta, atque sollicita : nullus locus amicitiæ. Quis enim aut eum diligat quem metuit, aut eum a quo se metui putat? Coluntur tamen simulatione duntaxat ad tempus. Quod si forte (ut fit plerumque) ceciderint, tum intelligitur quam fuerint inopes amicorum.

Cicéron. De amicitia, 15.

## LXVI

**Une dignité publique est supérieure à la dignité paternelle.**

Facti consules Sempronius Gracchus iterum, Q. Fabius Maximus filius ejus, qui priore anno erat consul. Ei consuli pater proconsul obviam in equo vehens venit, neque descendere voluit, quod pater erat : et, quod inter eos sciebant maxima concordia convenire, lictores non ausi sunt descendere jubere. Ubi juxta venit, tum consul ait : « Descendere jube. » Quod posteaquam lictor ille, qui apparebat, cito intellexit, Maximum proconsulem descendere jussit. Fabius imperio paret ; et filium collaudavit, cum imperium, quod populi esset, retineret.

Cl. Quadrigarius. Annales, liv. VI.<br>Cité par Aul. Gelle. — Nuits attiques, liv. II, ch. II.

## LXVII

### Cæsar ad Atriensem.

Cæsar Tiberius quum, petens Neapolim,
In Misenensem villam venisset suam,
Quæ monte summo posita Luculli manu
Prospectat Siculum et despicit Tuscum mare,
Ex alticinctis unus atriensibus,
Cui tunica ab humeris linteo Pelusio
Erat destricta, cirris dependentibus,
Perambulante læta Domino viridia,
Alveolo cæpit ligneo conspergere
Humum æstuantem, jactans come officium ;
Sed deridetur. Inde notis flexibus
Præcurrit alium in xystum, sedans pulverem.
Agnoscit hominem Cæsar, remque intelligit.
« Heus ! inquit Dominus. » Ille enimvero adsilit,
Id ut putavit esse nescio quid boni
Donationis alacer certæ gaudio.
Tum sic jocata est tanti majestas ducis :
« Non multum egisti, et opera nequidquam perit ;
« Multo majoris alapæ mecum veneunt. »

Phèdre, livre II, fable 5.

---

## LXVIII

### Arbores in deorum tutela.

Olim, quas vellent esse in tutela sua
Divi legerunt arbores. Quercus Jovi,
Et myrtus Veneri placuit, Phœbo laurea,

Pinus Cybelæ, populus celsa Herculi.
Minerva admirans, quare steriles sumerent
Interrogavit. Causam dixit Jupiter :
« Honorem fructu ne videamur vendere. »
— « At, mehercule ! narrabit quod quis voluerit,
« Oliva nobis propter fructum est gratior. »
Tunc sic Deorum genitor atque hominum sator :
« O nata, merito sapiens dicere omnibus !
« Nisi utile est, quod facimus, stulta est gloria. »
Nihil agere quod non prosit, fabella admonet.

Phèdre, liv. III, fab. 17.

# LXIX

### Aves et Hirundo.

Aves in unum quum devenissent locum,
Viderunt hominem seminantem linum agro.
Quod ut pro nihilo habere Hirundo intelligit,
Sic convocatas allocuta traditur :
« Hinc nobis instat omnibus periculum,
« Si semen ad maturitatem venerit. »
Aves risere. Germinavit ut vero seges,
Hirundo rursus : « Instat pernicies, ait :
« Adeste, germen eruamus noxium,
« Ne, si mox crescat, inde fiant retia,
« Et nos possimus artibus humanis capi. »
Ridere pergunt verba Aves Hirundinis,
Consilium et spernunt stulte prudentissimum.
At illis cauta ad hominem se mox contulit,
Ut tuta tignis nidum suspendat suum ;

Sed, quæ salubre monitum Aves despexerant,
De lino factis captæ pereunt retibus.

Phèdre. Appendix fabularum Æsopiarum, fable 12.

## LXX

### Sententiæ.

Ab alio exspectes, alteri quod feceris.
Ad pœnitendum properat. citò qui judicat.
Æs debitorem leve ; grave inimicum facit.
Alienum æs homini ingenuo acerba servitus.
Alterius damnum, gaudium haud facias tuum.
Amicitia pares aut accipit, aut facit.
Amicum lædere, ne joco quidem, licet.
Animus hominis, quidquid sibi imperat, obtinet.
Arcum intensio frangit, animum remissio.
Audendo virtus crescit, tardando timor.
Beneficia plura recipit, qui scit reddere.
Beneficii nunquam cito dati obliviscere.
Bis vincit, qui se vincit in victoria.
Bona opinio hominum tutior pecunia est.
Brevis ipsa vita est, sed malis fit longior.

Publius Syrus.

## LXXI

### Sententiæ.

Cave ne quidquam incipias quod post pœniteat.
Cito ignominia fit superbi gloria.
Conscientiæ potius quam famæ, attenderis.

Cuivis dolori remedium est patientia.
Deliberando discitur sapientia.
Difficilem habere oportet aurem ad crimina.
Discipulus est prioris posterior dies.
Diu apparandum est bellum, ut vincas celerius.
Ducis in consilia posita est virtus militum.
Effugere cupiditatem, regnum est vincere.
Ex vitio alterius Sapiens emendat suum.
Famam curant multi, pauci conscientiam.
Felicitas infelici innocentia est.
Furor fit læsa sæpius patientia.
Geminat peccatum, quem delicti non pudet.
Grave crimen, etiam quum leviter dictum est, nocet.

Publius Syrus.

## LXXII

**Par où Pythagore commençait son enseignement.**

Tot ille doctoribus eruditus, tot tamque multijugis fontibus disciplinarum toto orbe haustis, vir præsertim ingenio ingenti, ac profecto supra captum hominis animi augustior, primus philosophiæ nuncupator et conditor, nihil prius discipulos suos docuit, quam tacere : primaque apud eum meditatio, sapienti futuro, linguam omnem coercere; verbaque, quæ volantia poetæ appellant, ea verba, detractis pinnis, intra murum candentium dentium premere. Prorsus, inquam, hoc erat primum sapientiæ rudimentum, meditari condiscere, loquitari dediscere. Non in totum ævum tamen vocem desuescebant, nec omnes pari tempore elingues magistrum

sectabantur ; sed gravioribus viris brevi spatio satis
videbatur taciturnitas modificata; loquaciores enimvero ferme in quinquennium velut exsilio vocis pu-
niebantur.

Apulée. Florides, liv. II.

## LXXIII

### L'homme véritablement fort.

Non fortior judicandus est qui leonem quam
qui violentiam et, in se ipso inclusam feram, su-
perat iracundiam ; aut qui rapacissimas volucres
dejicit, quam qui cupiditates avidissimas coercet ;
aut qui Amazonem bellatricem, quam qui libidinem
vincit, pudoris ac famæ debellatricem ; aut qui
fimum de stabulo, quam qui vitia de corde suo
egerit ; quæ magis perniciosa sunt, quia domestica
et propria mala sunt, quam illa quæ et vitari pote-
rant, et caveri. Ex quo fit, ut ille solus vir fortis
debeat judicari, qui temperans et moderatus et
justus.

Cicéron. De la République, liv. II, fragment 7.

## LXXIV

### Cicéron à César en lui demandant un acte de clémence.

Domuisti gentes immanitate barbaras, multitudine innumerabiles, locis infinitas, omni copiarum
genere abundantes : sed tamen ea vicisti, quæ et
naturam et conditionem, ut vinci possent, habebant.

Nulla est enim tanta vis, quæ non ferro ac viribus debilitari frangique possit. Animum vincere, iracundiam cohibere, victoriam temperare, adversarium nobilitate, ingenio, virtute præstantem, non modo extollere jacentem, sed etiam amplificare ejus pristinam dignitatem : hæc qui facit, non ego eum cum summis viris comparo, sed simillimum deo judico. Itaque C. Cæsar, bellicæ tuæ laudes celebrabuntur illæ quidem non solum nostris, sed pæne omnium gentium litteris atque linguis ; nec ulla unquam ætas de tuis laudibus conticescet.

Cicéron. Pro Marcello. III, 8, 9,

## LXXV

### Difficulté d'écrire l'histoire.

Pulchrum est bene facere reipublicæ ; etiam bene dicere haud absurdum est : vel pace vel bello clarum fieri licet ; et qui fecere, et qui facta aliorum scripsere, multi laudantur. Ac mihi quidem, tametsi haudquaquam par gloria sequatur scriptorem et auctorem rerum, tamen in primis arduum videtur res gestas scribere : primum, quod facta dictis sunt exæquanda ; dehinc, quia plerique, quæ delicta reprehenderis, malivolentia et invidia dicta putant. Ubi de magna virtute et gloria bonorum memores, quæ sibi quisque facilia factu putat, æquo animo accipit ; supra ea, velut ficta, pro falsis ducit.

Salluste. Catilina, ch. III.

# CLASSE DE CINQUIÈME

# CLASSE DE CINQUIÈME

## PREMIÈRE PARTIE

### HISTOIRE ET GÉOGRAPHIE

## I

### Lettre d'Arius, roi de Sparte, à Onias, grand-prêtre des Juifs.

I. — Arius, rex Spartiatarum Oniæ sacerdoti magno salutem.

Inventum est in Scriptura de Spartiatis et Judæis quoniam sunt fratres et quod sunt de genere Abraham. Et nunc ex quo hæc cognovimus, benefacitis scribentes nobis de pace vestra. Sed et nos rescripsimus vobis : « Pecora nostra, et possessiones nostræ vestræ sunt : et vestræ nostræ : mandavimus itaque hæc nuntiari vobis.

### Lettre de Jonathas, grand-prêtre des Juifs, aux Spartiates.

II. — Jonathas summus sacerdos et seniores gentis, et sacerdotes, et reliquus populus Judæorum Spartiatis fratribus salutem.

Jampridem missæ erant epistolæ ad Oniam summum sacerdotem ab Ario qui regnabat apud vos,

quoniam estis fratres nostri ; et suscepit Onias
virum qui missus fuerat cum honore, et accepit
epistolas in quibus significabatur de societate et
amicitia. Nos, cum nullo horum indigeremus,
habentes solatio sanctos libros qui sunt in manibus
nostris, maluimus mittere ad vos renovare frater-
nitatem et amicitiam, ne forte alieni efficiamur
a vobis : multa enim tempora transierunt, ex quo
misistis ad nos. Nos ergo in omni tempore sine
intermissione in diebus solemnibus, et cæteris
quibus oportet, memores sumus vestri in sacrificiis quæ offerimus, et in observationibus, sicut
fas est, et decet meminisse fratrum. Lætamur
itaque de gloria vestra. Nos autem circumdederunt
multæ tribulationes, et multa prælia, et impu-
gnaverunt nos reges, qui sunt in circuitu nostro.
Noluimus ergo vobis molesti esse, neque cæteris
sociis, et amicis nostris in his præliis. Habuimus
enim de cœlo auxilium et liberati sumus nos, et hu-
miliati sunt inimici nostri. Elegimus itaque Nume-
nium Antiochi filium, et Antipatrem Jasonis filium,
et misimus ad Romanos renovare cum eis amicitiam et societatem pristinam. Mandavimus itaque
eis ut veniant etiam ad vos et salutent vos, et
reddant vobis epistolas nostras de innovatione fra-
ternitatis nostræ. Et nunc benefacietis respon-
dentes nobis ad hæc.

Saint Jérôme. Biblia sacra vulg. edit.
Macchabées, liv. I, ch. XII, versets 6, 19, 20, 24.

## II

**Stratagème de Thémistocle pour cacher aux Lacédémoniens la reconstruction des murailles d'Athènes.**

Themistocles exhortans suos ad suscitandos festinanter muros, quos jussu Lacedæmoniorum dejecerant, legatis Lacedæmone missis, qui interpellarent, respondit, venturum se ad diluendam hanc existimationem ; et pervenit Lacedæmonem. Ibi simulato morbo aliquantum temporis extraxit, et postquam intellexit suspectam esse tergiversationem suam, contendit falsum ad eos rumorem ; et rogavit, ut mitterent aliquos ex principibus, quibus crederent de munitione Athenarum. Suis deinde clam scripsit, ut eos, qui venissent, retinerent, donec, refectis operibus, confiteretur Lacedæmoniis, munitas esse Athenas, neque aliter principes eorum redire posse, quam ipse remissus foret : quod facile præstiterunt Lacedæmonii, ne unius interitum multorum morte pensarent.

Frontin, liv. I, ch. i, § 10.

## III

**Eloge d'Epaminondas.**

Fuit autem incertum, vir melior, an dux, esset. Nam et imperium non sibi semper, sed patriæ quæsivit ; et pecuniæ adeo parcus fuit, ut sumptus funeri defuerit. Gloriæ quoque non cupidior, quam pecu-

niæ : quippe recusanti, omnia imperia ingesta
sunt : honoresque ita gessit, ut ornamentum non
accipere, sed dare ipsi dignitati videretur. Jam
litterarum studium, jam philosophiæ doctrina
tanta, ut mirabile videretur, unde tam insignis
militiæ scientia homini inter litteras nato. Neque
ab hoc vitæ proposito mortis ratio dissensit. Nam
ut relatus in castra semianimis, vocem spiritumque
collegit, id unum a circumstantibus requisivit, num
cadenti sibi scutum ademisset hostis. Quod ut
servatum audivit, allatumque, velut laborum glo-
riæque socium osculatus est. Iterum quæsivit utri
vicissent. Ut audivit Thebanos ; bene agere se rem,
dixit ; atque ita, velut gratulabundus patriæ,
exspiravit.

Justin. Histoires, liv. VI, ch. 8.

# IV

### Epaminondas. — Ses qualités physiques.

Epaminondas natus est honesto genere, pauper
jam a majoribus relictus. Eruditus autem sic, ut
nemo Thebanus magis : nam et citharizare, et
cantare ad chordarum sonum doctus est a Dionysio,
qui non minore fuit in musicis gloria, quam
Damon, aut Lamprus, quorum pervulgata sunt
nomina ; carmina cantare tibiis ab Olympiodoro :
saltare a Calliphrone. At philosophiæ præceptorem
habuit Lysim Tarentinum, pythagoreum : cui quidem sic fuit deditus, ut adolescens tristem et
severum senem omnibus æqualibus suis in fami-

liaritate anteposuerit ; neque prius eum a se dimi-
serit, quam in doctrinis tanto antecesserit condis-
cipulos, ut facile intelligi posset, pari modo
superaturum omnes in ceteris artibus. Atque hæc
ad nostram consuetudinem sunt levia et potius
contemnenda, at in Græcia utique olim magnæ
laudi erant. Postquam ephebus factus est, et pales-
træ dare operam cœpit, non tam magnitudini
virium servivit, quam velocitati. Illam enim ad
athletarum usum, hanc ad belli existimabat utili-
tatem pertinere. Itaque exercebatur plurimum
currendo et luctando, ad eum finem, quoad stans
complecti posset, atque contendere. In armis plurimum studii consumebat.

Cornelius Nepos. Epaminondas, ch. II.

# V

## Alcibiade.

Alcibiades, Cliniæ filius, Atheniensis. In hoc natura, quid efficere possit, videtur experta. Constat
enim inter omnes, qui de eo memoriæ prodi-
derunt, nihil eo fuisse excellentius, vel in vitiis,
vel in virtutibus. Natus in amplissima civitate,
summo genere, omnium ætatis suæ multo formo-
sissimus, ad omnes res aptus, consiliique ple-
nus ; namque imperator fuit summus et mari et
terra : disertus, ut in primis dicendo valeret ; et
tanta erat commendatio oris atque orationis, ut
nemo ei dicendo posset resistere : deinde, quum
tempus posceret, laboriosus, patiens, liberalis,

splendidus non minus in vita quam victu, affabilis,
blandus, temporibus callidissime inserviens. Idem,
simul ac se remiserat, neque causa suberat, quare
animi laborem perferret, luxuriosus, dissolutus,
libidinosus, intemperans reperiebatur : ut omnes
admirarentur, uno in homine tantam inesse dissi-
militudinem, tamque diversam naturam. Educatus
est in domo Periclis, (privignus enim ejus fuisse
dicitur,) eruditus a Socrate ; socerum habuit Hip-
ponicum. omnium Græca lingua loquentium divitis-
simum; ut, si ipse fingere vellet, neque plura bona
reminisci, neque majora posset consequi, quam
vel fortuna vel natura tribuerat.

Cornelius Nepos. Alcibiade, § 1 et 2.

# VI

### Portrait de Philippe.

Fuit rex armorum quam conviviorum apparatibus
studiosior, cui maximæ opes erant instrumenta
bellorum : divitiarum quæstu quam custodia so-
lertior : itaque inter quotidianas rapinas semper
inops erat. Misericordia in eo et perfidia pari jure
dilectæ. Nulla apud eum turpis ratio vincendi.
Blandus pariter et insidiosus alloquio ; qui plura
promitteret quam præstaret : in seria et jocos
artifex. Amicitias utilitate, non fide colebat. Gratiam fingere in odio, instruere inter concordantes
odia, apud utrumque gratiam quærere, solemnis
illis consuetudo. Inter hæc eloquentia, et insignis

oratio, acuminis et solertiæ plena ; ut nec ornatui facilitas, nec facilitati inventionum deesset ornatus.

Justin. Histoires, liv. IX, ch. viii.

# VII

### Alexandre-le-Grand.

Decessit Alexander, mensem unum, annos tres et triginta natus; vir supra humanam potentiam magnitudine animi præditus. Prodigia magnitudinis ejus in ipso ortu nonnulla apparuere. Nam ea die qua natus est, duæ aquilæ tota die præpetes supra culmen domus patris ejus sederunt, omen duplicis imperii, Europæ Asiæque præferentes. Eadem quoque die nuntium pater ejus duarum victoriarum accepit : alterius, belli Illyrici; alterius, certaminis Olympici, in quo quadrigarum currus miserat : quod omen universarum terrarum victoriam infanti portendebat Puer acerrimis litterarum studiis eruditus fuit. Exacta pueritia, per quinquennium sub Aristotele doctore inclyto omnium philosophorum, crevit. Accepto deinde imperio, regem se terrarum omnium ac mundi appellari jussit, tantamque fiduciam sui militibus fecit, ut illo præsente nullius hostis arma, nec inermes, timuerint. Itaque cum nullo hostium unquam congressus est quem non vicerit, nullam urbem obsedit quam non expugnaverit; nullam gentem adiit quam non calcaverit. Victus denique ad postremum est, non virtute hostili, sed insidiis suorum, et fraude civili.

Justin, liv. XII, ch. xvi.

6

# VIII

## Parallèle de Philippe et d'Alexandre.

[Philippo] Alexander filius successit, et virtute et vitiis patre major. Itaque vincendi ratio utrique diversa. Hic aperte, ille artibus bella tractabat. Deceptis ille gaudere hostibus, hic palam fusis, prudentior ille consilio, hic animo magnificentior. Iram pater dissimulare, plerumque etiam vincere; hic ubi exarsisset, nec dilatio ultionis, nec modus erat. Vini nimis uterque avidus; sed ebrietatis diversa vitia. Patri mos erat etiam de convivio in hostem procurrere, manum conserere, periculis se temere offerre : Alexander non in hostem, sed in suos sæviebat. Quamobrem Philippum sæpe vulneratum prælia remisere : hic amicorum interfector convivio frequenter excessit. Regnare ille cum amicis nolebat, hic in amicos regna exercebat. Amari pater malle, hic metui. Litterarum cultus utrique similis. Solertiæ pater majoris, hic fidei. Verbis atque oratione Philippus, hic rebus moderatior. Parcendi victis filio animus et promptior et honestior. Frugalitati pater, luxuriæ filius magis deditus erat. Quibus artibus orbis imperii fundamenta pater jecit, operis totius gloriam filius consummavit.

Justin, liv. IX, ch. VIII.

# IX

### Alexandre tranche le nœud gordien.

Alexander, urbe in suam ditionem redacta, Jovis templum intrat. Vehiculum quo Gordium, Midæ patrem, vectum esse constabat, adspexit, cultu haud sane vilioribus vulgarisque usus abhorrens. Notabile erat jugum adstrictum compluribus nodis in semet ipsos implicatis et celantibus nexus. Incolis deinde affirmantibus editam esse oraculo sortem, Asiæ potiturum qui inexplicabile vinculum solvisset, cupido incessit animo sortis ejus implendæ. Circa regem erat et Phrygum turba et Macedonum : illa exspectatione suspensa, hæc sollicita ex temeraria regis fiducia. Quippe series vinculorum, ita adstricta ut, unde nexus inciperet, quove se conderet, nec ratione, nec visu percipi posset, solvere aggresso injecerat curam ne in omen verteretur irritum inceptum. Ille, nequaquam diu luctatus cum latentibus nodis : « Nihil, inquit, interest quomodo solvantur; » gladioque ruptis omnibus loris, oraculi sortem vel elusit vel implevit.

Quinte-Carce, liv. III, ch. ɪ.

# X

### Élévation d'Abdalonyme au trône de Sidon.

I. — Ad Sidona ventum est, urbem vetustate famaque conditorum inclytam. Regnabat in ea Strato, Darii opibus adjutus ; sed quia deditionem magis popularium quam sua sponte fecerat, regno visus indignus, Hephæstionique permissum ut, quem eo fastigio dignissimum arbitraretur, constitueret regem. Erant Hephæstioni hospites, clari inter suos juvenes, qui, facta ipsis potestate regnandi, negaverunt quemquam patrio more in id fastigium recipi, nisi regia stirpe ortum. Admiratus Hephæstio magnitudinem animi spernentis quod alii per ignes ferrumque peterent : « Vos quidem macti virtute, inquit, estote, qui primi intellexistis quanto majus esset regnum fastidire quam accipere. Ceterum date aliquem regiæ stirpis, qui meminerit a vobis acceptum habere se regnum. »

II. — At illi, quum multos imminere tantæ spei cernerent, singulis amicos Alexandri ob nimiam regni cupiditatem adulantibus, statuunt neminem esse potiorem quam Abdalonymum quemdam, longa quidem cognatione stirpi regiæ annexum, sed ob inopiam suburbanum hortum exigua colentem stipe. Causa ei paupertatis, sicut plerisque, probitas erat; intentusque operi diurno, strepitum armorum qui totam Asiam concusserat non exaudiebat. Subito deinde, de quibus ante dictum est, cum regiæ vestis insignibus hortum intrant; quem forte steriles herbas eligens, Abdalonymus repurgabat. Tunc rege eo salutato, alter ex his : « Habitus, inquit, hic, quem cernis in meis manibus, cum isto squalore permutandus tibi est. Ablue corpus, illuvie æternisque sordibus squalidum; cape regis animum, et in eam fortunam qua dignus es istam continentiam profer. Et, quum in regali solio residebis, vitæ necisque omnium civium dominus, cave obliviscaris hujus status in quo accipis regnum, imo hercule propter quem. »

III. — Somnio similis res Abdalonymo videbatur; interdum, satisne sani essent qui tam proterve sibi illuderent, percontabatur. Sed, ut cunctanti squalor ablutus est, et injecta vestis purpura auroque distincta, et fides a jurantibus facta, serio jam rex, iisdem comitantibus, in regiam pervenit. Fama, ut solet, strenue tota urbe discurrit; aliorum studium, aliorum indignatio eminebat : ditissimus quisque humilitatem inopiamque ejus apud amicos Alexandri criminabatur. Admitti eum rex protinus jussit, diuque contemplatus : « Corporis, inquit, habitus famæ generis non repugnat; sed libet scire inopiam qua patientia tuleris. » Tum ille : « Utinam, inquit, eodem animo regnum pati possim ! Hæ manus suffecere desiderio meo ; nihil habenti nihil defuit. » Magnæ indolis specimen ex hoc sermone Abdalonymi cepit; itaque non Stratonis modo regiam supellectilem attribui ei jussit, sed pleraque etiam ex Persica præda; regionem quoque urbi appositam ditioni ejus adjecit.

Quinte-Curce, liv. IV, ch. 1.

---

# XI

**Alexandre, le matin de la bataille d'Arbelles.**

Jamque luce orta, duces ad accipienda imperia convenerant, insolito circa prætorium silentio attoniti : quippe alias arcessere ipsos, et interdum morantes castigare assueverat : tunc ne ultimo quidem

6.

rerum discrimine excitatum esse mirabantur ; et non
somno quiescere , sed pavore marcere credebant.
Non tamen quisquam e custodibus corporis intrare
tabernaculum audebat. Et jam tempus instabat ; nec
miles, injussu ducis, aut arma capere poterat, aut
in ordines ire. Diu Parmenio cunctatus, cibum ut
caperent ipse pronuntiat. Jamque exire necesse
erat : tunc demum intrat tabernaculum ; sæpiusque
nomine compellatum, quum voce non posset, tactu
excitavit. « Multa lux, inquit, est ; instructam aciem
hostis admovit, tuus miles adhuc inermis exspectat
imperium. Ubi est vigor ille animi tui ? Nempe exci-
tare vigiles soles. » Ad hæc Alexander : « Credisne
me prius somnum capere potuisse quam exonera-
rem animum sollicitudine quæ quietem morabatur ? »
Signumque pugnæ tuba dari jussit.

Quinte-Curce, liv. IV, ch. xiii.

# XII

### Meurtre de Clitus.

His ita gestis, [Alexander] solemni die amicos in
convivium vocat : ubi orta inter ebrios rerum a Philippo gestarum mentione, præferre se patri ipse,
rerumque suarum magnitudinem extollere cœlo
tenus cœpit, assentante majore convivarum parte.
Itaque cum unus e senibus Clitus, fiducia amicitiæ
regiæ, cujus palmam tenebat, memoriam Philippi
tueretur, laudaretque ejus res gestas, adeo regem
offendit, ut, telo a satellite rapto eumdem in convivio trucidaverit. Qua cæde exsultans, mortuo patro-

cinium Philippi, laudemque paternæ militiæ objectabat. Postquam satiatus cæde animus conquievit, et in viæ locum successit æstimatio, modo personam occisi, modo causam occidendi considerans, pigere eum facti cœpit : quippe paternas laudes tam iracunde accepisse se, quam nec convitia debuisset; amicumque senem et innoxium, a se occisum inter epulas et pocula, dolebat. Eodem igitur furore in pœnitentiam quo pridem in iram versus, mori voluit. Primum in fletus progressus, amplecti mortuum, vulnera tractare, et quasi audienti confiteri dementiam; arreptum telum in se vertit; peregissetque facinus, nisi amici intervenissent. Mansit hæc voluntas moriendi etiam sequentibus diebus.

Justin, liv. XII, ch. vi.

# XIII

### Parallèle d'Athènes et de Rome.

Profecto fortuna in omni re dominatur; ea res cunctas, ex lubidine magis quam ex vero, celebrat obscuratque. Atheniensium res gestæ, sicuti ego æstumo, satis amplæ magnificæque fuere, verum aliquanto minores tamen quam fama feruntur. Sed, quia provenere ibi scriptorum magna ingenia, per terrarum orbem Atheniensium facta pro maxumis celebrantur; ita eorum, qui ea fecere, virtus tanta habetur, quantum verbis ea potuere extollere, præclara ingenia. At populo Romano nunquam ea copia fuit, quia prudentissimus quisque negotiosus maxume erat ; ingenium nemo sine corpore exercebat ; optu-

mus quisque facere quam dicere, sua ab aliis bene
facta laudari quam ipse aliorum narrare malebat.

Salluste. Catilina, § 8.

## XIV

### Sur les livres Sibyllins et sur Tarquin le Superbe.

In antiquis annalibus memoria super libris sibyl-
linis hæc prodita est. Anus hospita atque incognita
ad Tarquinium Superbum regem adiit, novem libros
ferens, quos esse dicebat divina oracula : eos velle
dixit venundare. Tarquinius pretium percontatus
est: mulier nimium atque immensum poposcit. Rex,
quasi anus ætate desiperet, derisit. Tum illa focu-
lum coram eo cum igni apponit, tres libros ex novem deurit, et, ecquid reliquos sex eodem pretio
emere vellet, regem interrogavit. Sed enim Tarquinius id multo risit magis, dixitque anum jam procul
dubio delirare. Mulier ibidem statim tres alios libros
exussit, atque id ipsum denuo placide rogat ut tres
reliquos eodem illo pretio emat. Tarquinius ore jam
serio atque attentiore animo fit ; eam constantiam
confidentiamque non insuper habendam intelligit :
et libros tres reliquos mercatur nihilo minore pretio, quam quod erat petitum pro omnibus. Sed eam
mulierem tunc a Tarquinio digressam postea nusquam loci visam constitit. Libri tres in sacrarium
conditi Sibyllini appellati. Ad eos, quasi ad oraculum, quindecimviri adeunt, cum dii immortales publice consulendi sunt.

Aulu-Gelle. Nuits attiques, liv. I, ch. xix.

# XV

**Majesté et courage des sénateurs romains devant
les Gaulois.**

Romani, a Gallorum exercitu pulsi, cum se in
arcem conferrent, inque his collibus morari non
possent, necessarium consilium in plana urbis
parte seniorum relinquendorum ceperunt, quo facilius juventus reliquias imperii tueretur. Ceterum ne
illo quidem tam misero tamque luctuoso tempore
civitas nostra virtutis suæ oblita est. Defuncti enim
honoribus, apertis januis, in curulibus sellis, cum
insignibus magistratuum, quos gesserant, sacerdo-
tiorumque quæ erant adepti, consederunt, ut et ipsi
in occasu suo splendorem et ornamenta vitæ præ-
teritæ retinerent, et plebem ad fortius sustinendos
casus suo vigore provocarent. Venerabilis eorum
aspectus primo hostibus fuit, et novitate rei, et magnificentia cultus, et ipso audaciæ genere commotis.
Sed quis dubitaret, quin, et Galli et victores illam
admirationem mox in risum et in omne contumeliæ
genus conversuri essent? Non exspectavit igitur
hanc injuriæ maturitatem C. Atilius, verum barbam
suam permulcenti Gallo scipionem vehementi ictu
capiti inflixit, eique propter dolorem ad se occidendum ruenti cupidius corpus obtulit. Capi ergo virtus
nescit; patientia dedecus ignorat : fortunæ succumbere tristius ducit omni fato : nova et speciosa
genera interitus excogitat, si quisquam interit, qui
sic exstinguitur.

Valère-Maxime, liv. III, ch. ii, § 7.

# XVI

## Prodiges observés lors de la bataille de Pharsale.

Constabat, Elide in templo Minervæ, repetitis atque enumeratis diebus, quo die prælium secundum fecisset Cæsar, simulacrum Victoriæ, quod ante ipsam Minervam collocatum erat et ante ad simulacrum Minervæ spectabat, ad valvas se templi limenque convertisse. Eodemque die Antiochiæ in Syria bis tantus exercitus clamor et signorum sonus exauditus est, ut in muris armata civitas discurreret. Hoc idem Ptolemaide accidit. Pergami in occultis ac reconditis templi, quo præter sacerdotes adire fas non est, quæ Græci ἄδυτα appellant, tympana sonuerunt. Item Trallibus in templo Victoriæ, ubi Cæsaris statuam consecraverant, palma per eos dies integra inter coagmenta lapidum ex pavimento exstitisse ostendebatur.

César. Guerre civile, liv. III, ch. cv.

# XVII

## Le centurion Crastinus à la bataille de Pharsale.

Erat Crastinus evocatus in exercitu Cæsaris, qui superiore anno apud eum primum pilum in legione decima duxerat, vir singulari virtute. Hic, signo dato : « Sequimini me, inquit, manipulares mei « qui fuistis, et vestro imperatori, quam consti-

« tuistis, operam date : unum hoc prælium super-
« est, quo confecto , et ille suam dignitatem , et
« nos nostram libertatem recuperabimus. » Simul
respiciens Cæsarem. « Faciam, inquit, hodie, im-
« perator, ut aut vivo mihi, aut mortuo gratias
« agas. » Hæc quum dixisset, primus ex dextro
cornu procucurrit, atque eum electi milites circiter
centum et viginti voluntarii ejusdem centuriæ sunt
prosecuti.

César. Guerre civile, liv. III, ch. xci.

## XVIII

### Assassinat de Pompée à son débarquement en Égypte.

Amici regis, qui propter ætatem ejus in procura-
tione erant regni, sive timore adducti, ut postea
prædicabant, sollicitato exercitu regis, ne Pompeius
Alexandriam Ægyptumque occuparet; sive despecta
ejus fortuna, ut plerumque in calamitate ex amicis
inimici exsistunt; iis qui erant ab eo missi, palam
liberaliter responderunt, eumque ad regem venire
jusserunt : ipsi, clam consilio inito, Achillan, præ-
fectum regium, singulari hominem audacia, et L.
Septimium, tribunum militum, ad interficiendum
Pompeium miserunt. Ab his liberaliter ipse appellatus et quadam notitia Septimii productus, quod
bello prædonum apud eum ordinem duxerat, naviculam parvulam conscendit cum paucis suis; ibi
ab Achilla et Septimio interficitur. Item L Lentulus
comprehenditur ab rege et in custodia necatur.

César. Guerre civile, liv. III, ch. civ.

# XIX

**Curiosité et légèreté du caractère des Gaulois.**

Cæsar... infirmitatem Gallorum veritus, quod sunt in consiliis capiendis mobiles et novis plerumque rebus student, nihil his committendum existimavit. Est autem hoc Gallicæ consuetudinis, uti et viatores etiam invitos consistere cogant, et quod quisque eorum de quaque re audierit aut cognoverit, quærant, et mercatores in oppidis vulgus circumsistat, quibusque ex regionibus veniant quasque ibi res cognoverint, pronuntiare cogant. His rebus atque auditionibus permoti de summis sæpe rebus consilia ineunt, quorum eos in vestigio pœnitere necesse est, quum incertis rumoribus serviant et plerique ad voluntatem eorum ficta respondeant.

César. Guerre des Gaules, liv. IV, ch. v.

---

# XX

**Division qui existe partout chez les Gaulois.**

In Gallia non solum in omnibus civitatibus atque in omnibus pagis partibusque, sed pæne etiam in singulis domibus factiones sunt : earumque factionum principes sunt, qui summam auctoritatem eorum judicio habere existimantur, quorum ad arbitrium judiciumque summa omnium rerum conciliorumque redeat. Idque ejus rei causa antiquitus institutum videtur, ne quis ex plebe contra potentiorem auxilii egeret : suos enim quisque opprimi et circumveniri non patitur, neque, aliter si faciant, ullam inter suos habent auctoritatem. Hæc eadem ratio est in summa totius Galliæ : namque omnes civitates in partes divisæ sunt duas.

César. Guerre des Gaules, liv. VI, ch. xi.

# XXI

**Vercingétorix battu par César se retire à Alésia.**

Fugato omni equitatu, Vercingetorix copias [suas], ut pro castris collocaverat, reduxit ; protinusque Alesiam, quod est oppidum Mandubiorum, iter facere cœpit, celeriterque impedimenta ex castris educi et se subsequi jussit. Cæsar, impedimentis in proximum collem deductis, duabus legionibus præsidio relictis, secutus, quantum diei tempus est passum, circiter tribus millibus hostium ex novissimo agmine interfectis, altero die ad Alesiam castra fecit. Perspecto urbis situ, perterritisque hostibus, quod equitatu, qua maxima parte exercitus confidebant, erant pulsi, adhortatus ad laborem milites, [Alesiam] circumvallare instituit.

César. Guerre des Gaules, liv. VII, ch. lviii.

# XXII

**Emploi des chars de combat chez les Bretons.**

Genus hoc est ex essedis pugnæ : primo per omnes partes perequitant et tela conjiciunt, atque

7

ipso terrore equorum et strepitu rotarum ordines plerumque perturbant; et quum se inter equitum turmas insinuaverunt, ex essedis desiliunt et pedibus præliantur. Aurigæ interim paulatim ex prælio excedunt, atque ita currus collocant, ut, si illi a multitudine hostium premantur, expeditum ad suos receptum habeant. Ita mobilitatem equitum, stabilitatem peditum in præliis præstant, ac tantum usu quotidiano et exercitatione efficiunt, uti in declivi ac præcipiti loco incitatos equos sustinere et brevi moderari ac flectere, et per temonem percurrere et in jugo insistere et se inde in currus citissime recipere consuerint.

César. Guerre des Gaules, liv. IV, ch. xxxiii.

## XXIII

### Julius Agricola.

Cnæus Julius Agricola veteri et illustri Forojuliensium colonia ortus, utrumque avum procuratorem Cæsarum habuit; quæ equestris nobilitas est. Pater Julius Græcinus, senatorii ordinis, studio eloquentiæ sapientiæque notus, iisque virtutibus iram Caii Cæsaris meritus : namque M. Silanum accusare jussus, et, quia abnuerat, interfectus est. Mater Julia Procilla fuit, raræ castitatis : in hujus sinu indulgentiaque educatus, per omnem honestarum artium cultum pueritiam adolescentiamque transegit. Arcebat eum ab illecebris peccantium, præter ipsius bonam integramque naturam, quod statim parvulus sedem ac magistram studiorum

Massiliam habuerit, locum græca comitate, et provinciali parcimonia mixtum, ac bene compositum. Memoria teneo, solitum ipsum narrare se in prima juventa studium philosophiæ acrius, ultra quam concessum Romano ac senatori, hausisse, in prudentia matris incensum ac flagrantem animum coercuisset. Scilicet, sublime et erectum ingenium, pulchritudinem ac speciem excelsæ magnæque gloriæ vehementius quam caute appetebat : mox mitigavit ratio et ætas; retinuitque, quod est difficillimum, ex sapientia modum.

Tacite. Vie d'Agricola, ch. iv.

# XXIV

### La Grèce.

Objacet tum jam vaste et multum prominens Græcia, et dum Myrtoum pelagus attingat, a septentrione in meridiem vecta, qua sol oritur, Ægæis; qua occidit, Ioniis fluctibus objacet. Ac proximo spatiosa et Hellas nomine, grandi fronte procedit : mox mari utroque, et Ionio magis, latera ejus intrante, donec quatuor millia passuum pateat, media ferme prope inciditur. Deinde rursum terris huc se et illuc, verum in Ionium mare magis expandentibus, progressisque in altum, non tam lata, quam cœperat, ingens tamen iterum et quasi peninsula extenditur, vocaturque Peloponnesos, ob sinus et promontoria, quis, ut fibris, littora ejus incisa sunt, simulque tenui tramite in latus effunditur, platani folio simillima.

Pomponius Mela. Description de la terre, liv. II, ch. iii.

# XXV

### Le Temple et la ville de Delphes.

Templum Apollinis Delphis positum est in monte Parnasso, in rupe undique impendente; ibi civitatem frequentia hominum fecit, qui ad affirmationem majestatis undique concurrentes, in eo saxo consedere : atque ita templum et civitatem non muri, sed præcipitia, nec manu facta sed naturalia præsidia, defendunt; prorsus ut incertum sit, utrum munimentum loci an majestas dei plus hic admirationis habeat. Media saxi rupes in formam theatri recessit. Quamobrem et hominum clamor, et si quando accedit tubarum sonus, personantibus et respondentibus inter se rupibus, multiplex audiri, ampliorque quam editur, resonare solet. Quæ res majorem majestatis terrorem ignaris rei, et admirationem stupentibus plerumque affert. In hoc rupis anfractu, media ferme montis altitudine, planities exigua est, atque in ea profundum terræ foramen, quod in oracula patet; ex quo frigidus spiritus, vi quadam velut vento in sublime expulsus, mentes vatum in vecordiam vertit; impletasque deo, responsa consulentibus dare cogit. Multa igitur ibi et opulenta regum populorumque visuntur munera; quæque magnificentia sui, reddentium vota gratam voluntatem et deorum responsa manifestant.

Justin, liv. XXIV, ch. vi.

# XXVI

## Description de la Sicile.

I. — Siciliam ferunt angustis quondam faucibus Italiæ adhæsisse, direptamque velut a corpore, majore impetu superi maris, quod toto undarum onere illuc vehitur. Est autem ipsa terra tenuis ac fragilis, et cavernis quibusdam fistulisque ita penetrabilis, ut ventorum tota ferme flatibus pateat; necnon et ignibus generandis nutriendisque soli ipsius naturalis materia : quippe intrinsecus stratum sulphure et bitumine traditur : quæ res facit, ut spiritu cum igne inter interiora luctante, frequenter et compluribus locis nunc flammas, nunc vaporem eructet. Inde denique Ætnæ montis per tot secula durat incendium, et ubi acrior per spiramenta cavernarum ventus incubuit, arenarum moles egeruntur.

II. — Proximum Italiæ promontorium, Rhegium dicitur, ideo, quia Græce abrupta hoc nomine pronuntiantur. Nec mirum si fabulosa est loci hujus antiquitas, in quem res tot coïere miræ. Primum quod nusquam alias tam torrens fretum, nec solum citato impetu, verum etiam sævo, neque experientibus modo terribile, verum etiam procul videntibus. Undarum porro in se concurrentium tanta pugna est, ut alias veluti terga dantes in imum desidere, alias quasi victrices in sublime ferri videas : nunc hic fremitum ferventis æstus, nunc illic gemitum in voraginem desidentis exaudias. Accedunt vicini et perpetui Ætnæ montis ignes, et insularum Æolidum, veluti ipsis undis alatur incendium. Neque enim in

tam angustis terminis aliter durare tot seculis tantus
ignis potuisset, nisi humoris nutrimentis aleretur.
Hinc igitur fabulæ Scyllam et Charybdin pepe-
rere; hinc latratus auditus; hinc monstri credita
simulacra, dum navigantes magnis vorticibus pelagi
desidentis exterriti, latrare putant undas, quas sor-
bentis æstus vorago collidit. Eadem causa etiam
Ætnæ montis perpetuos ignes facit. Nam aquarum
ille concursus, raptum secum spiritum in imum
fundum trahit, atque ibi suffocatum tamdiu tenet,
donec per spiramenta terræ diffusus, nutrimenta
ignis incendat.

Justin, liv. IV, ch. ı.

## XXVII

### La Gaule et ses habitants.

Gallia est omnis divisa in partes tres, quarum
unam incolunt Belgæ, aliam Aquitani, tertiam qui
ipsorum lingua Celtæ, nostra Galli appellantur. Hi
omnes lingua, institutis, legibus inter se differunt.
Gallos ab Aquitanis Garumna flumen, a Belgis Ma-
trona et Sequana dividit. Horum omnium fortissimi
sunt Belgæ, propterea quod a cultu atque humani-
tate Provinciæ longissime absunt, minimeque ad
eos mercatores sæpe commeant atque ea quæ ad
effeminandos animos pertinent, important; proxi-
mique sunt Germanis, qui trans Rhenum incolunt,
quibuscum continenter bellum gerunt : qua de
causa Helvetii quoque reliquos Gallos virtute præ-

cedunt, quod fere quotidianis præliis cum Germanis
contendunt, quum aut suis finibus eos prohibent,
aut ipsi in eorum finibus bellum gerunt.

César. De bello gallico, liv. I, ch. r.

## XXVIII

### Description de l'Espagne.

I. — Hispania sicuti Europæ terminos claudit,
ita et hujus operis finis futura est. Hanc veteres ab
Ibero amne primum Iberiam, postea ab Hispano
Hispaniam cognominaverunt. Hæc inter Africam et
Galliam posita, Oceani freto, et Pyrenæis montibus
clauditur. Sicut minor utraque terra, ita utraque fer-
tilior. Nam neque, ut Africa, violento sole torretur,
neque, ut Gallia, assiduis ventis fatigatur ; sed media
inter utramque, hinc temperato calore, inde felicibus
et tempestivis imbribus in omnia frugum genera fœ-
cunda est, adeo ut non ipsis tantum incolis, verum
etiam Italiæ, urbique Romanæ cunctarum rerum
abundantiam sufficiat. Hanc enim non frumenti tantum magna copia est, verum et vini, mellis, oleique :
nec ferri solum materia præcipua est, sed et equorum pernices greges : nec summæ tantum terræ
laudanda bona, verum et abstrusorum metallorum
felices divitiæ. Jam lini, spartique vis ingens : minii
certe nulla feracior terra.

II. — In hac cursus amnium non torrentes rapi-
dique, ut noceant, sed lenes, et vineis campisque
irrigui, æstuariisque Oceani affatim piscosi, plerique etiam divites auro, quod in paludibus vehunt.

Uno tantum Pyrenæi montis dorso adhæret Galliæ : reliquis partibus undique in orbem maris cingitur. Forma terræ prope quadrata, nisi quod arctantibus freti littoribus in Pyrenæum coit. Porro Pyrenæi montis spatium sexcenta millia passuum efficit. Salubritas cœli per omnem Hispaniam æqualis, quia aeris spiritus, nulla paludum gravi nebula inficitur. Huc accedunt et marinæ auræ, undique versus assidui flatus, quibus omnem provinciam penetrantibus, eventilato terrestri spiritu, præcipua hominibus sanitas redditur.

*Justin, liv. XLIV, ch. i.*

---

## XXIX

### Situation géographique de la Germanie.

Germania omnis a Gallis Rhætisque et Pannoniis Rheno et Danubio fluminibus, a Sarmatis Dacisque mutuo metu aut montibus separatur ; cetera Oceanus ambit, latos sinus et insularum immensa spatia complectens, nuper cognitis quibusdam gentibus ac regibus, quos bellum aperuit. Rhenus, Rhæticarum Alpium inaccesso ac præcipiti vertice ortus, modico flexu in occidentem versus, Septentrionali Oceano miscetur : Danubius, molli et clementer edito montis Abnobæ jugo effusus, plures populos adit, donec in Ponticum mare sex meatibus erumpit ; septimum enim os paludibus hauritur.

*Tacite. Mœurs des Germains, ch. i.*

# XXX

**Les Bretons.**

Britanniam qui mortales initio coluerint, indigenæ an advecti, ut inter Barbaros, parum compertum. Habitus corporum varii, atque ex eo argumenta ; namque rutilæ Caledoniam habitantium comæ, magni artus, germanicam originem asseverant. Silurum colorati vultus, et torti plerumque crines, et posita contra Hispania, Iberos veteres trajecisse, easque sedes occupasse, fidem faciunt : proximi Gallis, et similes sunt; seu durante originis vi, seu procurrentibus in diversa terris, positio cœli corporibus habitum dedit : in universum tamen æstimanti, Gallos vicinum solum occupasse, credibile est. Eorum sacra deprehendas superstitionum persuasione : sermo haud multum diversus : in deposcendis periculis eadem audacia ; et, ubi advenere, in detrectandis eadem formido : plus tamen ferociæ Britanni præferunt, ut quos nondum longa pax emolierit : nam Gallos quoque in bellis floruisse accepimus : mox segnitia cum otio intravit, amissa virtute pariter ac libertate ; quod Britannorum olim victis evenit : ceteri manent, quales Galli fuerunt.

Tacite. Vie d'Agricola, ch. xi.

# CLASSE DE CINQUIÈME

## DEUXIÈME PARTIE

ANECDOTES; DESCRIPTIONS; ETC.

## XXXI

### L'anneau de *Gygès*.

Gyges, cum terra discessisset magnis quibusdam imbribus, in illum hiatum descendit, æneumque equum, ut ferunt fabulæ, animadvertit, cujus in lateribus fores essent : quibus apertis, hominis mortui vidit corpus magnitudine inusitata, annulumque aureum in digito ; quem ut detraxit, ipse induit, erat autem regius pastor ; tum in concilium pastorum se recepit. Ibi cum palam ejus annuli ad palmam converterat, a nullo videbatur, ipse autem omnia videbat : idem rursus videbatur, quum in locum annulum inverterat. Itaque hac opportunitate annuli usus,......... regem dominum interemit, sustulit quos obstare arbitrabatur : nec in his eum quisquam facinoribus potuit videre. Sic, repente annuli beneficio rex exortus est Lydiæ. Hunc igitur ipsum annulum si habeat sapiens, nihilo plus sibi licere putet peccare, quam si non haberet. Honesta enim bonis viris, non occulta quæruntur.

Cicéron. De officiis, liv. III, ch. ix.

## XXXII

### Mort de Milon de Crotone.

Milo Crotoniensis, athleta illustris, quem in Chronicis scriptum est Olympiade quinquagesima coronatum esse, exitum habuit e vita miserandum et mirandum. Cum jam natu grandis artem athleticam desisset, iterque faceret forte solus in locis Italiæ silvestribus, quercum vidit proxime viam patulis in parte media rimis hiantem. Tum experiri credo, etiam tunc volens, an ullæ sibi reliquæ vires adessent, immissis in cavernas arboris digitis, diducere et rescindere quercum conatus est, ac mediam quidem partem discidit divellitque ; quercus autem in duas diducta partes, cum ille, quasi perfecto, quod erat connixus, manus laxasset, cessante vi rediit in naturam ; manibusque ejus retentis inclusisque stricta denuo et cohæsa, dilacerandum hominem feris præbuit.

Aula-Gelle. Nuits attiques, liv. XV, ch. xvi.

## XXXIII

### Histoire d'Arion.

I. — Celeri admodum et cohibili oratione, vocumque filo tereti et candido fabulam scripsit Hero-

dotus super fidicine illo Arione. Vetus, inquit, et
nobilis Ario cantator fidibus fuit. Is loco et oppido
Methymnæus, terra atque insula omni Lesbius fuit.
Eum Arionem rex Corinthi Periander amicum amatum que habuit artis gratia. Is inde a rege proficis-
citur terras inclytas Siciliam atque Italiam visere. Ubi
eo venit, auresque omnium mentesque in utriusque
terræ urbibus demulsit, in quæstibus istic et voluptatibus amoribusque hominum fuit. Is tum postea,
grandi pecunia et re bona multa copiosus, Corinthum instituit redire. Navem igitur et navitas, ut
notiores amicitioresque sibi, Corinthios delegit. Sed
eo Corinthios homine accepto, navique in altum
provecta, prædæ pecuniæque cupidos, cepisse consilium de necando Arione. Tum illum ibi, pernicie
intellecta, pecuniam ceteraque sua, ut haberent,
dedisse : vitam modo sibi ut parcerent, oravisse.
Navitas precum ejus harum commiseritum esse
illactenus, ut ei necem afferre per vim suis manibus
temperarent; sed imperavisse, ut jam statim coram
desiliret præceps in mare. Homo, inquit, ibi territus,
spe omni vitæ perdita, id unum postea oravit, ut,
prius quam mortem oppeteret, induere permitterent
sua sibi omnia indumenta, et fides capere, et canere
carmen casus illius sui consolabile. Feros et im-
manes navitas prolubium tamen audiendi subit.
Quod oraverat, impetrat. Atque ibi mox de more
cinctus, amictus, ornatus, stansque in summæ puppis
foro, carmen, quod Orthium dicitur, voce sublatis-
sima cantavit. Ad postrema cantus cum fidibus
ornatuque omni, sicut stabat canebatque, jecit sese
procul in profundum.

II. — Navitæ, haudquaquam dubitantes, quin
perisset, cursum, quem facere cœperant, tenuerunt.
Sed novum et mirum et pium facinus contigit.
Delphinum repente inter undas adnavisse, fluitan-
tique sese homini subdidisse, et dorso super fluctus
edito vectavisse ; incolumique eum corpore et ornatu
Tænarum in terram Laconicam devexisse. Tum
Arionem prorsus ex eo loco Corinthum petivisse :
talemque Periandro regi, qualis delphino vectus
fuerat, inopinanti sese obtulisse : eique rem, sicuti
acciderat, narravisse. Regem isthæc parum credi-
disse : Arionem, quasi falleret, custodiri jussisse :
navitas inquisitos, ablegato Arione, dissimulanter
interrogasse ecquid audissent in iis locis, unde
venissent, super Arione ? — Eos dixisse, hominem,
cum inde irent, in terra Italia fuisse : eumque illic
bene agitare, et studiis delectationibusque urbium
florere ; atque in gratia pecuniaque magna opu-
lentum fortunatumque esse. Tum inter hæc eorum
verba Arionem cum fidibus et indumentis, cum
quibus se in salum ejaculaverat, exstitisse : navitas
stupefactos convictosque ire inficias non quisse.
Eam fabulam dicere Lesbios et Corinthios, atque
esse fabulæ argumentum, quod simulacra duo ænea
ad Tænarum viserentur, delphinus vehens, et homo
insidens.

Aulu-Gelle. Nuits attiques, liv. XVI, ch. xviii.

## XXXIV

### Les premiers médecins.

Ut alimenta sanis corporibus agricultura, sic sa-
nitatem ægris medicina promittit. Hæc nusquam
quidem non est : si quidem etiam imperitissimæ
gentes herbas, aliaque prompta in auxilium vulne-
rum morborumque noverunt. Verumtamen apud
Græcos aliquanto magis, quam in ceteris nationibus,
exculta est; ac ne apud hos quidem a prima ori-
gine, sed paucis ante nos sæculis : utpote cum ve-
tustissimus auctor Æsculapius celebretur. Qui quoniam adhuc rudem et vulgarem hanc scientiam
paulo subtilius excoluit, in deorum numerum receptus est. Hujus deinde duo filii, Podalirius et Ma-
chaon, bello Trojano ducem Agamemnonem secuti,
non mediocrem opem commilitonibus suis attule-
runt. Quos tamen Homerus non in pestilentia, neque
in variis generibus morborum aliquid attulisse
auxilii, sed vulneribus tantummodo ferro et medica-
mentis mederi solitos esse proposuit. Ex quo ap-
paret, has partes medicinæ solas ab his esse ten-
tatas, easque esse vetustissimas.

Celse. De la médecine, liv. I, Introduction.

## XXXV

### Historique de la chirurgie.

Hæc.... pars [medicinæ], cum sit vetustissima,
magis tamen ab illo parente omnis medicinæ Hip-

pocrate, quam a prioribus exculta est : deinde, posteaquam diducta ab aliis habere professores suos
cœpit, in Ægypto quoque increvit, Philoxeno maxime
auctore, qui pluribus voluminibus hanc partem di-
ligentissime comprehendit. Gorgias quoque et Sos-
tratus, et Heron, et Apollonii duo, et Ammonius
Alexandrinus, multique alii celebres viri, singuli
quædam repererunt. Ac Romæ quoque non medio-
cres professores, maximeque nuper Tryphon pater,
et Evelpistus, et, ut ex scriptis ejus intelligi potest,
horum eruditissimus Meges, quibusdam in melius
mutatis, aliquantum ei disciplinæ adjecerunt.

Celse. Traité de la médecine, liv. VII, Introduction.

# XXXVI

### Ingratitude des Spartiates envers Lycurgue.

Neminem Lycurgo aut majorem aut utiliorem
virum Lacedæmon genuit : utpote cui Apollo
Pythius oraculum petenti respondisse fertur : « Nescire se, utrum illum hominum, an deorum numero
aggregaret. » Huic tamen neque vitæ summa since-
ritas, neque constantissimus erga patriam amor,
neque leges salutariter excogitatæ auxilio esse
potuerunt, quominus infestos cives experiretur :
sæpe enim lapidibus petitus, aliquando furore pu-
blico ejectus, etiam privatus oculo : ad ultimum
ipsa patria pulsus est. Quid aliæ faciant urbes, ubi
etiam illa, quæ constantiæ et moderationis et gra-

vitalis eximiam sibi laudem vindicat, tam ingrata adversus tam bene meritum exstitit ?

Valère-Maxime, liv. V, ch. iii, exter. § 2.

# XXXVII

### Origine des Cariatides.

Historias autem plures novisse oportet, quod multa ornamenta sæpe in operibus architecti designant, de quibus argumentis rationem, cur fecerint, quærentibus reddere debent. Quem ad modum si quis statuas marmoreas muliebres stolatas, quæ Caryatides dicuntur, pro columnis in opere statuerit, et insuper mutulos et coronas collocaverit, percontantibus ita reddet rationem. Carya civitas Peloponnensis cum Persis hostibus contra Græciam consensit : postea Græci per victoriam gloriose bello liberati communi consilio Caryatibus bellum indixerunt. Itaque oppido capto, viris interfectis, civitate deleta, matronas eorum in servitutem abduxerunt, nec sunt passi stolas neque ornatus matronales deponere; uti non uno triumpho ducerentur, sed æterno servitutis exemplo, gravi contumelia pressæ, pœnas pendere viderentur pro civitate. Ideo qui tunc architecti fuerunt, ædificiis publicis designaverunt earum imagines oneri ferendo collocatas; ut etiam posteris nota pœna peccati Caryatium memoriæ traderetur.

Vitruve. De l'architecture, liv. I, ch. i.

# XXXVIII

### Omniscience d'Hippias.

Hippias, cum Olympiam venisset, maxima illa
quinquennali celebritate ludorum, gloriatus est,
cuncta pæne audiente Græcia, nihil esse ulla in
arte rerum omnium, quod ipse nesciret : nec solum
has artes quibus liberales doctrinæ atque ingenuæ
continerentur, geometriam, musicam, litterarum
cognitionem et poetarum, atque illa quæ de naturis
rerum, quæ de hominum moribus, quæ de rebus
publicis dicerentur : sed annulum quem haberet,
pallium quo amictus, soccos quibus indutus esset,
se sua manu confecisse.

Cicéron. De oratore, III, 32.

# XXXIX

### Comment Aristote désigna son successeur.

Aristoteles philosophus, annos jam fere natus
duo et sexaginta, corpore ægro affectoque, ac spe
vitæ tenui fuit. Tunc omnis ejus sectatorum cohors
ad eum accedit, orantes obsecrantesque, ut ipse de-
ligeret loci sui et magisterii successorem, quo, post
summum ejus diem, perinde ut ipso, uterentur ad
studia doctrinarum complenda excolendaque, quibus ab eo imbuti fuissent. Erant tunc in ejus ludo
boni multi, sed præcipui duo, Theophrastus et Menedemus. Ingenio hi atque doctrinis ceteros præsta-
bant ; alter ex insula Lesbo fuit, Menedemus autem

Rhodo. Aristoteles respondit, facturum esse, quod vellent, cum id sibi foret tempestivum. Postea brevi tempore cum iidem illi, qui de magistro destinando petierant, præsentes essent, vinum ait, quod tum biberet, non esse id ex valetudine sua, sed insalubre esse atque asperum ; ac propterea quæri debere exoticum vel Rhodium aliquod, vel Lesbium. Id sibi utrumque ut curarent, petivit ; usurumque eo dixit, quod sese magis juvisset. Eunt, curant, inveniunt, afferunt. Tum Aristoteles Rhodium petit, degustat. « Firmum, inquit, hercle vinum et jucundum. » Petit mox Lesbium : quo item degustato : « Utrumque, inquit, oppido bonum, sed ἥδιων ὁ Λέσϐιος. » Id ubi dixit, nemini fuit dubium, quin, lepide simul et verecunde, successorem illa voce sibi, non vinum delegisset. Is erat e Lesbo Theophrastus, homo suavitate insigni linguæ pariter atque vitæ. Itaque non diu post, Aristotele vita defuncto, ad Theophrastum omnes concesserunt.

Aulu-Gelle. Nuits attiques, liv. XIII, ch. v.

## XL

### Sur Bucéphale, le cheval d'Alexandre.

Equus Alexandri regis et capite et nomine Bucephalus fuit. Emptum Chares scripsit talentis tredecim, et regi Philippo donatum : æris nostri summa est sestertia trecenta duodecim. Super hoc equo dignum memoria visum, quod, ubi ornatus erat armatusque ad prœlium, haud unquam inscendi sese ab alio nisi a rege passus sit. Id etiam de isto equo memoratum est, quod, cum in eo insidens Alexander, bello Indico, et facinora faciens fortia, in hostium cuneum non satis sibi providens immisisset, conjectis undique in Alexandrum telis, vulneribus altis in cervice atque in latere equus perfossus est : moribundus tamen ac prope jam exsanguis e mediis hostibus regem vivacissimo cursu retulit : atque, ubi eum extra tela extulerat, illico concidit et, domini jam superstitis securus, quasi cum sensus humani solatio animam exspiravit. Tum rex Alexander, parta ejus belli victoria, oppidum in iisdem locis condidit, idque ob equi honores Bucephalon appellavit.

Aulu-Gelle. Nuits attiques, liv. V, ch. ii.

# XLI

### Mort d'Archimède.

Archimedis fructuosam industriam fuisse dicerem, nisi eadem illi et dedisset vitam, et abstulisset Captis enim Syracusis, Marcellus machinationibus ejus multum ac diu victoriam suam inhibitam senserat : eximia tamen hominis prudentia delectatus, ut capiti illius parceretur, edixit ; pæne tantum gloriæ in Archimede servato, quantum in oppressis Syracusis, reponens. At is, dum animo et oculis in terram defixis formas describit, militi, qui prædandi gratia domum irruperat, strictoque super caput gladio, quisnam esset, interrogabat : propter nimiam cupiditatem investigandi quod requirebat, nomen suum indicare non potuit : sed protecto ma-

nibus pulvere : « Noli , inquit , obsecro , istum
disturbare : » ac perinde quasi negligens imperii
victoris, obtruncatus , sanguine suo artis suæ li-
neamenta confudit. Quo accidit, ut propter idem
studium modo donaretur vita, modo spoliaretur.

Valère-Maxime, liv. VIII, ch. vii; exter. § 7.

## XLII

### Paroles des ambassadeurs Rhodiens à Démétrius Poliorcéte.

Rhodum insulam celebritatis antiquissimæ, oppi-
dumque in ea pulcherrimum ornatissimumque,
obsidebat oppugnabatque. Demetrius, dux ætatis suæ
inclytus, cui .a peritia disciplinaque faciendi ob-
sidii, machinarumque sollertia ad capienda oppida
repertarum , cognomentum Πολιορχητής fuit. Tum
ibi in obsidione illa ædes quasdam publice factas,
quæ extra urbis muros cum parvo præsidio erant,
aggredi et vastare atque absumere igni parabat. In
his ædibus erat memoratissima illa imago Ialysi,
Protogenis manu facta, illustris pictoris ; cujus
operis pulchritudinem præstantiamque ira percitus
Rhodiis invidebat. Mittunt Rhodii legatos ad Deme-
trium, cum his verbis : « Quæ, malum, inquiunt,
ratio est, ut tu imaginem istam velis incendio ædium
facto disperdere? Nam si nos omnes superaveris, et
oppidum hoc totum ceperis, imagine quoque illa
integra et incolumi per victoriam potieris. Sin vero
nos vincere obsidendo nequiveris, petimus, consi-
deres, ne turpe tibi sit, quia non potueris bello

Rhodios vincere, bellum cum Protogene mortuo gessisse. » Hoc ubi ex legatis audivit, oppugnatione desita, et imagini et civitati pepercit.

Aulu-Gelle. Nuits attiques, liv. XV, ch. 31.

## XLIII

### Conversation entre les deux poètes Pacuvius et Attius à Tarente.

Quibus otium et studium fuit, vitas atque ætates doctorum hominum quærere ac memoriæ tradere, de M. Pacuvio et L. Attio tragicis poetis historiam scripserunt hujuscemodi : « Cum Pacuvius, inquiunt, grandi jam ætate et morbo corporis diutino affectus, Tarentum ex Urbe Roma concessisset, Attius, tunc haud parvo junior, proficiscens in Asiam, cum in oppidum venisset, devertit ad Pacuvium : comiterque invitatus, plusculis ab eo diebus retentus, tragœdiam suam, cui Atreus nomen est, desideranti legit. Tum Pacuvium dixisse aiunt. — « sonora quidem esse, quæ scripsisset, et grandia : sed videri ea tamen sibi duriora paulum et acerbiora. » — « Ita est, inquit Attius, uti dicis. Neque id sane me pœnitet : meliora enim fore spero, quæ deinceps scribam. Nam quod in pomis est, itidem, inquit, esse aiunt in ingeniis : quæ dura et acerba nascuntur, post fiunt mitia et jucunda; sed quæ gignuntur statim vieta et mollia, atque in principio sunt uvida; non matura mox fiunt, sed putria. Relin-

quendum igitur visum est in ingenio, quod dies
atque ætas mitificet. »

Aulu-Gelle. Nuits attiques, liv. XIII, ch. 11.

## XLIV

### Douleur de l'acteur Polus.

Histrio in terra Græcia fuit fama celebri, qui ges-
tus et vocis claritudine et venustate ceteris ante-
stabat. Nomen fuisse aiunt Polum : tragœdias poetarum nobilium scite atque asseverate actitavit. Is
Polus unice amatum filium morte amisit. Eum
luctum cum satis visus est eluxisse, rediit ad quæs-
tum artis. In eo tempore Athenis Electram Sopho-
clis acturus gestare urnam quasi cum Oresti ossibus
debebat. Ita compositum fabulæ argumentum est
ut veluti fratris reliquias ferens Electra comploret
commisereaturque interitum ejus, qui per vim exs-
tinctus existimatur. Igitur Polus, lugubri habitu
Electræ indutus, ossa atque urnam e sepulcro tulit
filii, et quasi Oresti amplexus, opplevit omnia non
simulacris neque imitamentis, sed luctu atque la-
mentis veris et spirantibus. Itaque cum agi fabula
videretur, dolor actus est.

Aulu-Gelle, liv. VII, ch. vii.

## XLV

### Le songe réalisé.

Duo familiares Arcades, iter una facientes, Mega-
ram venerunt : quorum alter ad hospitem se con-

tulit, alter in tabernam meritoriam divertit. Is
autem, qui in hospitio erat, vidit in somnis comitem
suum orantem, ut sibi, cauponis insidiis circum-
vento, subveniret : posse enim celeri ejus accursu
se imminenti periculo subtrahi. Quo viso excitatus,
prosiluit, tabernamque, in qua is diversabatur,
petere conatus est. Pestifero deinde fato humanis-
simum propositum tanquam supervacuum damna-
vit, idque visum pro nihilo ducens, lectum ac
somnum repetiit. Tunc idem ei saucius oblatus ob-
secravit, ut, qui auxilium vitæ suæ ferre neglexis-
set, neci saltem ultionem non negaret ; corpus
enim suum, a caupone trucidatum, tum maxime
plaustro ad portam ferri, stercore coopertum. Tam
constantibus familiaris precibus compulsus, protinus ad portam cucurrit, et plaustrum, quod in
quiete demonstratum erat, comprehendit, caupo-
nemque ad capitale supplicium perduxit.

Valère-Maxime, liv. I, ch. vii ; exter. § 10.

# XLVI

### Damon et Phintias.

Damon et Phintias, Pythagoricæ prudentiæ sacris
initiati, tam fidelem inter se amicitiam junxerunt,
ut, quum alterum ex his Dionysius Syracusanus
interfici jussisset, atque is tempus ab eo, quo,
priusquam periret, domum profectus res suas ordi-
naret impetravisset, alter vadem se pro reditu
ejus tyranno dare non dubitarit. Solutus erat periculo mortis, qui modo cervices gladio subjectas

habuerat ; eidem caput suum subjecerat, cui securo vivere licebat. Igitur omnes, et imprimis Dionysius, novæ atque ancipitis rei exitum speculabantur. Appropinquante deinde definita die, nec illo redeunte, unusquisque stultitiæ tam temerarium sponsorem damnabat ; at is nihil se de amici constantia metuere prædicabat. Eodem autem momento, et hora a Dionysio constituta, qui eam acceperat, supervenit. Admiratus amborum animum tyrannus supplicium fidei remisit ; insuperque eos rogavit ut se in societatem amicitiæ, tertium sodalitii gradum ultima culturum benevolentia, reciperent.

Valère-Maxime, liv. IV, cb. vii.

## XLVII

### Dévouement de l'esclave de Panopion envers son maître.

Urbinii Panopionis servus, quam admirabilis fidei ! Qui cum ad dominum proscriptum occidendum, domesticorum indicio certiores factos milites in Reatinam villam venisse cognosset, commutata cum eo veste, permutato etiam annulo, illum postico clam emisit, se autem in cubiculum ac lectulum recepit, et ut Panopionem occidi passus est. Brevis hujus facti narratio, sed non parva materia laudationis. Nam si quis ante oculos ponere velit subitum militum accursum, convulsa januæ claustra, minacem vocem, truces vultus, fulgentia arma ; rem vera æstimatione prosequetur : nec, quam cito dicitur, aliquem pro alio mori voluisse, tam id ex facili etiam fieri potuisse arbitrabitur. Panopion autem, quantum servo deberet, amplum ei faciendo monumentum, ac testimonium pietatis grato titulo reddendo confessus est.

Valère-Maxime, liv. VI, ch. VIII, § 6.

## XLVIII

### Fourberie de Pythius.

C. Canius, eques Romanus, nec infacetus, et satis litteratus, quum se Syracusas otiandi (ut ipse dicere solebat) non negotiandi causa, contulisset, dictitabat, « se hortulos aliquos emere velle, quo invitare amicos, et ubi se oblectare sine interpellatoribus posset. » Quod quum percrebuisset, Pythius ei quidam, qui argentariam faceret Syracusis, dixit, « venales quidem se hortos non habere, sed licere uti Canio, si vellet, ut suis : » et simul ad cœnam hominem in hortos invitavit in posterum diem. Quum ille promisisset, tum Pythius, qui esset, ut argentarius, apud omnes ordines gratiosus, piscatores ad se convocavit, et ab iis petivit, ut ante suos hortulos postridie piscarentur; dixitque, quid eos facere vellet. Ad cœnam tempori venit Canius, opipare a Pythio apparatum convivium. Cymbarum ante oculos multitudo. Pro se quisque quod ceperat, afferebat ; ante pedes Pythii pisces abjiciebantur. Tum Canius : « Quæso, inquit, quid est hoc, Pythi ? tantumne piscium, tantumne cymbarum ? » — Et ille : « Quid mirum ? inquit, hoc loco est,

8

Syracusis quidquid est piscium ; hic aquatio ; hac villa isti carere non possunt. » Incensus Canius cupiditate, contendit a Pythio, ut venderet. Gravate ille primo. Quid multa ? impetrat ; emit homo cupidus, et locuples, tanti, quanti Pythius voluit, et emit instructos ; nomina facit, negotium conficit. Invitat Canius postridie familiares suos. Venit ipse mature : scalmum nullum videt. Quærit ex proximo vicino, num feriæ quædam piscatorum essent, quod eos nullos videret — « Nullæ, quod sciam, inquit : sed hic piscari nulli solent. Itaque heri mirabar, quid accidisset. » Stomachari Canius. Sed quid faceret ? nondum enim Aquilius, collega et familiaris meus, protulerat de dolo malo formulas.

Cicéron. De officiis, liv. III, xiv.

## XLIX

### Sur le bronze et le verre.

Cum Ilium captum est, Annibal, homo vafer, et magnus scelio, omnes statuas æneas et aureas et argenteas in unum rogum congessit, et eas incendit ; facta sunt in unum æra miscellanea. Ita ex hac massa fabri sustulerunt, et fecerunt catilla et parapsides statuncula. Sic Corinthia nata sunt, ex omnibus unum, nec hoc, nec illud. Ignoscetis mihi, quod dixero : « Ego malo vitrea ; certi nolunt. Quod si non frangerentur, mallem mihi quam aurum ; nunc autem vilia sunt.

Fuit tamen faber qui fecit fialam vitream, quæ non frangebatur. Admissus ergo Cæsarem est cum

suo munere; deinde fecit reporrigere Cæsarem, et
illam in pavimentum projecit. Cæsar non pote validius quam expaverit, at ille sustulit fialam de terra :
collisa erat, tanquam vasum æneum. Deinde mar-
tiolum de sinu protulit, et fialam otio belle correxit. Hoc facto, putabat se cœlum Jovis tenere ;
utique, postquam illi dixit : « Numquid alius scit
hanc condituram vitreorum? Vide modo. » Postquam
negavit, jussit illum Cæsar decollari ; quia enim, si
scitum esset, aurum pro luto haberemus.

Pétrone. Satyricon, 51-52.

L

### Récit d'une chasse de Pline-le-Jeune.

C. Plinius Cornelio Tacito suo salutem.

Ridebis, et licet rideas. Ego ille, quem nosti,
apros tres, et quidem pulcherrimos, cepi. — « Ipse ?
inquis. » — Ipse : non tamen ut omnino ab inertia
mea et quiete discederem. Ad retia sedebam. Erant
in proximo, non venabulum aut lancea, sed stilus et
pugillares. Meditabar aliquid enotabamque, ut, si
manus vacuas, plenas tamen ceras reportarem. Non
est, quod contemnas hoc studendi genus. Mirum
est, ut animus agitatione motuque corporis excite-
tur. Jam undique silvæ et solitudo, ipsumque illud
silentium, quod venationi datur, magna cogitationis
incitamenta sunt. Proinde quum venabere, licebit,
auctore me, ut panarium et lagunculam, sic etiam

pugillares feras. Experieris non Dianam magis
montibus quam Minervam inerrare. Vale.

Pline-le-Jeune, liv. I, Lettre 6.

## LI

### Les hommes sous le règne de Saturne.

Quam bene Saturno vivebant rege, priusquam
  Tellus in longas est patefacta vias !
Nondum cæruleas pinus contemserat undas,
  Effusum ventis præbueratque sinum ;
Nec vagus, ignotis repetens compendia terris,
  Presserat externa navita merce ratem.
Illo non validus subiit juga tempore taurus ;
  Non domito frenos ore momordit equus.
Non domus ulla fores habuit : non fixus in agris,
  Qui regeret certis finibus arva, lapis.
Ipsa mella dabant quercus, ultroque ferebant
  Obvia securis ubera lactis oves.
Non acies, non ira fuit, non bella ; nec ensem
  Immiti sævus duxerat arte faber.
Nunc Jove sub domino cædes, nunc vulnera semper,
  Nunc mare ; nunc leti mille repente viæ.
Parce pater ! timidum non me perjuria terrent,
  Non dicta in sanctos impia verba deos.
Quod si fatales jam nunc explevimus annos,
  Fac lapis his scriptus stet super ossa notis :
« Hic jacet immiti consumptus morte Tibullus,
  « Messalam terra dum sequiturque mari. »

Tibulle, liv. I, Elégie iii.

## LII

**Regrets causés par la mort du berger Daphnis.**

Exstinctum Nymphæ crudeli funere Daphnin
Flebant : vos coryli testes et flumina Nymphis,
Cum, complexa sui corpus miserabile nati,
Atque deos atque astra vocat crudelia mater.
Non ulli pastos illis egere diebus          [amnem]
Frigida, Daphni, boves ad flumina : nulla neque
Libavit quadrupes, nec graminis attigit herbam.
Daphni, tuum Pœnos etiam ingemuisse leones
Interitum montesque feri silvæque loquuntur.
Daphnis et Armenias curru subjungere tigres
Instituit ; Daphnis thiasos inducere Bacchi,
Et foliis lentas intexere mollibus hastas.
Vitis ut arboribus decori est, ut vitibus uvæ,
Ut gregibus tauri, segetes ut pinguibus arvis,
Tu decus omne tuis. Postquam te fata tulerunt,
Ipsa Pales agros atque ipse reliquit Apollo.
Grandia sæpe quibus mandavimus hordea sulcis
Infelix lolium et steriles nascuntur avenæ.
Pro molli viola, pro purpureo narcisso,
Carduus et spinis surgit paliurus acutis.
Spargite humum foliis, inducite fontibus umbras,
Pastores ; mandat fieri sibi talia Daphnis.
Et tumulum facite, et tumulo superaddite carmen :
« Daphnis ego in silvis hunc usque ad sidera notus,
« Formosi pecoris custos formosior ipse. »

Virgile. Bucoliques. Eglogue 5, vers 20-44

# LIII

### La Thessalie au jour des noces de Thétis et de Pélée.

Quæ simul optatæ finito tempore luces
Advenere, domum conventu tota frequentat
Thessalia : oppletur lætanti regia cœtu ;
Dona ferunt : præ se declarant gaudia vultu.
Deseritur Scyros : linquunt Phthiotica Tempe,
Cranonisque domos, ac mœnia Larissæa ;
Pharsaliam coeunt, Pharsalia tecta frequentant.
Rura colit nemo ; mollescunt colla juvencis ;
Non humilis curvis purgatur vinea rastris ;
Non glebam prono convellit vomere taurus ;
Non falx attenuat frondatorum arboris umbram ;
Squalida desertis robigo infertur aratris.
Ipsius (1) at sedes, quacunque opulenta recessit
Regia, fulgenti splendent auro , atque argento.
Candet ebur soliis ; collucent pocula mensis ;
Tota domus gaudet regali splendida gaza.
Pulvinar vero Divæ geniale locatur
Sedibus in mediis, Indo quod dente politum
Tincta tegit roseo conchylis purpura fuco.
Hæc vestis, priscis hominum variata figuris,
Heroum mira virtutes indicat arte.

Catulle. Carmen 64.

1. De Pélée.

# LIV

### Peste d'Egine.

I. — Constat et in fontes vitium venisse lacusque,
Milliaque incultos serpentum multa per agros
Errasse, atque suis fluvios temerasse venenis.
Strage canum prima, volucrumque oviumque boum-
Inque feris subiti deprensa potentia morbi.     [que,
Concidere infelix validos miratur arator
Inter opus tauros, medioque recumbere sulco.
Lanigeris gregibus, balatus dantibus ægros,
Sponte sua lanæque cadunt et corpora tabent.
Acer equus quondam, magnæque in pulvere famæ,
Degenerat, palmæ veterumque oblitus honorum ;
Ad præsepe gemit, leto moriturus inerti.
Non aper irasci meminit, nec fidere cursu
Cerva, nec armentis incurrere fortibus ursi.
Omnia languor habet ; silvisque, agrisque, viisque
Corpora fœda jacent ; vitiantur odoribus auræ.
Mira loquor : non illa canes, avidaque volucres,
Non cani tetigere lupi : dilapsa liquescunt,
Afflatuque nocent, et agunt contagia late.

. . . . . . . . . . . . . . . . . . . . . . . . . . . .

. . . . . . . . . . . . . . . . . . . . . . . . . . . .

II. — Pervenit ad miseros, damno graviore, colonos
Pestis, et in magnæ dominatur mœnibus urbis.
Viscera torrentur primo, flammæque latentis
Indicium rubor est, et ductus anhelitus igni ;
Aspera lingua tumet ; tepidisque arentia venis
Ora patent, auræque graves captantur hiatu.
Non stratum, non ulla pati velamina possunt ;

Dura sed in terra ponunt præcordia ; nec fit
Corpus humo gelidum, sed humus de corpore fervet.
Tantaque sunt miseris invisi tædia lecti,
Prosiliunt ; aut, si prohibent consistere vires,
Corpora devolvunt in humum, fugiuntque Penates
Quisque suos ; sua cuique domus funesta videtur :
Et quia causa latet, locus est in crimine notus.
Semianimes errare viis, dum stare valebant
Adspiceres : flentes alios, terraque jacentes,
Lassaque versantes supremo lumina motu ;
Membraque pendentis tendunt ad sidera cœli,
Hic, illic, ubi mors deprenderat, exhalantes.

Ovide. Métamorphoses, liv. VII, v. 534-561 — 571-581.

## LV

### Signes précurseurs de la mort de César.

Signa tamen luctus dant haud incerta futuri.
Arma ferunt inter nigras crepitantia nubes
Terribilesque tubas auditaque cornua cœlo
Præmonuisse nefas. Solis quoque tristis imago
Lurida sollicitis præbebat lumina terris.
Sæpe faces visæ mediis ardere sub astris :
Sæpe inter nimbos guttæ cecidere cruentæ.
Cærulus et vultum ferrugine Lucifer atra
Sparsus erat, sparsi lunares sanguine currus.
Tristia mille locis Stygius dedit omina bubo :
Mille locis lacrimavit ebur, cantusque feruntur
Auditi sanctis et verbis minantia lucis.
Victima nulla litat, magnosque instare tumultus
Fibra monet, cæsumque caput reperitur in extis.

Inque foro circumque domos et templa deorum
Nocturnos ululasse canes, umbrasque silentum
Erravisse ferunt, motamque tremoribus urbem.
Non tamen insidias venturaque vincere fata
Præmonitus potuere deum, strictique feruntur
In templum gladii, neque enim locus ullus in Urbe
Ad facinus diramque placet, nisi curia, cædem.

> Ovide. Métamorphoses, liv. XV, v. 782-803.

## LVI

### De Vesuvio monte.

Hic est pampineis viridis modo Vesvius umbris :
    Presserat hic madidos nobilis uva lacus.
Hæc juga, quam Nysæ colles, plus Bacchus amavit :
    Hoc nuper Satyri monte dedere choros.
Hæc Veneris sedes, Lacedæmone gratior illi :
    Hic locus Herculeo nomine clarus erat.
Cuncta jacent flammis, et tristi mersa favilla :
    Nec superi vellent hoc licuisse sibi.

> Martial. Epigrammes, liv. IV.

## LVII

### Le retour du printemps.

Jam ver egelidos refert tepores,
Jam cœli furor æquinoctialis
Jucundis zephyri silescit auris.
Linquantur Phrygii, Catulle, campi,
Nicææque ager uber æstuosæ.

Ad claras Asiæ volemus urbes.
Jam mens prætrepidans avet vagari;
Jam læti studio pedes vigescunt.
O dulces comitum valete cœtus,
Longe quos simul a domo profectos
Diverse variæ viæ reportant.

Catulle. Carmen XLVI.

# LVIII

### Le printemps.

Frigora jam zephyri minuunt, annoque peracto
   Longior intepuit visa Tomitis hiems :
Impositamque sibi qui non bene pertulit Hellen,
   Tempora nocturnis æqua diurna facit.
Jam violas puerique legunt hilaresque puellæ,
   Rustica quas nullo terra serente vehit.
Prataque pubescunt variorum flore colorum :
   Indocilique loquax gutture vernat avis.
Utque malæ crimen matris deponat hirundo
   Sub trabibus cunas tectaque parva facit.
Herbaque, quæ latuit Cerealibus obruta sulcis,
   Exserit e tepida molle cacumen humo.
Quoque loco est vitis, de palmite gemma movetur :
   Nam procul a Geticis finibus arbor abest.
Otia nunc istic, junctisque ex ordine ludis
   Cedunt verbosi garrula bella fori.

Ovide. Tristes, liv. III, 12.

# LIX

### Les outils du laboureur.

Dicendum et quæ sint duris agrestibus arma,
Quis sine nec potuere seri nec surgere messes :
Vomis et inflexi primum grave robur aratri,
Tardaque Eleusinæ matris volventia plaustra,
Tribulaque, traheæque, et iniquo pondere rastri
Virgea præterea Celei vilisque supellex,
Arbuteæ crates, et mystica vannus Iacchi,
Omnia quæ multo ante memor provisa repones,
Si te digna manet divini gloria ruris.
Continuo in silvis magna vi flexa domatur
In burim, et curvi formam accipit ulmus aratri,
Huic a stirpe pedes temo protentus in octo,
Binæ aures, duplici aptantur dentalia dorso.
Cæditur et tilia ante jugo levis, altaque fagus,
Stivaque, quæ currus a tergo torqueat imos ;
Et suspensa focis explorat robora fumus.

Virgile. Géorgiques, liv. I, v. 160 à 175.

# LX

### Nourriture de saint Hilarion.

A vicesimo primo anno usque ad vicesimum septimum, tribus annis dimidium lentis sextuarium,
madefactum aqua frigida comedit, et aliis tribus
panem aridum cum sale et aqua. Porro a vigesimo
septimo usque ad tricesimum, herbis agrestibus et
virgultorum quorumdam radicibus crudis sustenta-

tus est. A tricesimo autem primo usque ad tricesimum quintum, sex uncias hordeacei panis et coctum modice olus absque oleo in cibo habuit. Sentiens autem caligare oculos suos, et totum corpus impetigine et pumicea quadam scabredine contrahi, ad superiorem victum adjecit oleum : et usque ad sexagesimum tertium vitæ suæ annum hoc continentiæ cucurrit gradum, nihil extrinsecus aut pomorum, aut leguminis, aut cujuslibet rei gustans. Inde quum se videret corpore defatigatum et propinquam putaret imminere mortem, a sexagesimo quarto anno usque ad octogesimum pane abstinuit, incredibili fervore mentis, ut eo tempore quasi novus accederet ad servitutem Domini, quo ceteri solent remissius vivere. Fiebat autem ei de farina et comminuto olere sorbitiuncula, cibo et potu vix quinque uncias appendentibus : sicque complens ordinem vitæ, nunquam ante solis occasum, nec in diebus festis, nec in gravissima valetudine solvit jejunium.

Saint Jérôme. Vie de saint Hilarion.

---

# LXI

### Différentes manières de prendre les tortues.

Testudines tantæ magnitudinis Indicum mare emittit, ut singularum superficie habitabiles casas integant : atque insulas Rubri præcipue maris his navigant cymbis. Capiuntur multis quidem modis, sed maxime evectæ in summa pelagi antemeridiano tempore blandito, eminente toto dorso per tran-

quilla fluitantes : quæ voluptas libere spirandi in
tantum fallit oblitas sui, ut solis vapore siccato cortice, non queant mergi, invitæque fluitent, oppor-
tunæ venantium prædæ. Ferunt et pastum egressas
noctu, avideque saturatas lassari : atque ut remea-
verint matutino, summa in aqua obdormiscere : id
prodi stertentium sonitu. Tum adnatare, leviterque,
singulis ternos : a duobus in dorsum verti, a tertio
laqueum injici supinæ, atque ita e terra a pluribus
trahi.

Pline l'Ancien. Hist. nat., liv. IX, ch. xii.

# LXII

## Le vin.

Vino natura est hausto , accendendi calore viscera intus, foris infuso refrigerandi. Nec alienum
fuerit commemorare hoc in loco, quod Androcydes
sapientia clarus ad Alexandrum Magnum scripsit,
intemperantiam ejus cohibens : « Vinum poturus,
rex, memento te bibere sanguinem terræ : cicuta
hominum venenum est, cicutæ vinum. » Quibus
præceptis si ille obtemperavisset, profecto amicos
in temulentia non interemisset. Prorsus ut jure dici
possit, neque viribus corporis utilius aliud, neque
aliud voluptatibus perniciosius, si modus absit.

Pline l'Ancien. Hist. nat., liv. XIV, ch. vii.

## LXIII

### L'hirondelle.

Accipiamus nunc maternæ sedulitatis in filios grande documentum. Hirundo, minuscula corpore, sed egregie pio sublimis affectu, indiga rerum omnium pretiosiores auro nidos struit, quia sapienter nidificat. Nidus enim sapientiæ potior est auro. Quid enim sapientius quam ut et volandi vaga libertate potiatur, et hominum domiciliis parvulos suos et tecto commendet, ubi sobolem nullus incurset? Nam et illud est pulchrum, ut a primo ortu pullos suos humanæ usu conversationis assuescat et præstet ab inimicarum avium insidiis tutiores. Tum illud præclarum, qua gratia domos sibi sine ullo adjutore tanquam artis perita componat. Legit enim festucas ore easque luto illinit, ut conglutinare possit. Sed quia lutum pedibus non potest deferre, summitatem pennarum aquæ infundit, ut facile his pulvis adhæreat et fiat limus qua paulatim festucas vel minutos surculos sibi colligat atque adhærere faciat : eo genere nidi totius fabricam struit, ut, quasi pavimenti solo, pulli ejus intra ædes suas sine offensione versentur, nec pedem aliquis interserat per rimulas texturarum, aut teneris frigus irrepat.

Saint Ambroise, Hexameron, liv. V.

# LXIV

### Description du palais de Cupidon.

Psyche videt lucum proceris et vastis arboribus consitum : videt fontem vitreo latice pellucidum, medio luci meditullio. Prope fontis adlapsum domus regia est, ædificata non humanis manibus, sed divinis artibus. Jam scies ab introitu primo, dei cujuspiam luculentum et amœnum videre te deversorium. Nam summa laquearia citro et ebore curiose cavata subeunt aureæ columnæ. Parietes omnes argenteo cælamine conteguntur, bestiis et id genus pecudibus occurrentibus ob os introeuntium. Mirus prorsum homo, imo semideus, vel certe deus, qui magnæ artis subtilitate tantum efferavit argentum. Enimvero pavimenta ipsa lapide pretioso cæsim deminuto, in varia picturæ genera discriminantur. Vehementer iterum ac sæpius beatos illos, qui super gemmas et monilia calcant. Jam ceteræ partes longe lateque dispositæ domus, sine pretio pretiosæ, totique parietis solidati massis aureis, splendore proprio coruscant; ut diem suum sibi domus faciat, licet sole nolente : sic cubicula, sic porticus, sic ipsæ valvæ fulgurant. Nec secius opes ceteræ majestati domus respondent; ut equidem illud recte videatur ad conversationem humanam magno Jovi fabricatum cœleste palatium.

Apulée. Métamorphoses, liv. V.

# LXV

### La peste des animaux en Illyrie.

Hæc ante exitium primis dant signa diebus.
Sin in processu cœpit crudescere morbus,
Tum vero ardentes oculi, atque attractus ab alto
Spiritus, interdum gemitu gravis; imaque longo
Ilia singultu tendunt; it naribus ater
Sanguis, et obsessas fauces premit aspera lingua.
Profuit inserto latices infundere cornu
Lenæos; ea visa salus morientibus una;
Mox erat hoc ipsum exitio, furiisque refecti
Ardebant, ipsique suos jam morte sub ægra
(Di meliora piis, erroremque hostibus illum!)
Discissos nudis laniabant dentibus artus.

Ecce autem duro fumans sub vomere taurus
Concidit, et mixtum spumis vomit ore cruorem,
Extremosque ciet gemitus. It tristis arator,
Mœrentem abjungens fraterna morte juvencum,
Atque opere in medio defixa relinquit aratra.
Non umbræ altorum nemorum, non mollia possunt
Prata movere animum, non qui per saxa volutus
Purior electro campum petit amnis; at ima
Solvuntur latera, atque oculos stupor urget inertes,
Ad terramque fluit devexo pondere cervix.
Quid labor aut benefecta juvant? quid vomere terras
Invertisse graves? Atqui non Massica Bacchi
Munera, non illis epulæ nocuere repostæ :
Frondibus et victu pascuntur simplicis herbæ;
Pocula sunt fontes liquidi atque exercita cursu
Flumina, nec somnos abrumpit cura salubres.

Virgile. Géorgiques, liv. III, vers. 503-530.

# CLASSE DE CINQUIÈME

## TROISIÈME PARTIE

### MORALE.

## LXVI

### Les loisirs de P. Scipio.

Publium Scipionem, eum qui primus Africanus appellatus est, dicere solitum scripsit Cato : « Nunquam se minus otiosum esse quam cum otiosus; nec minus solum quam cum solus esset. » Magnifica vero vox, et magno viro ac sapiente digna : quæ declarat illum et in otio de negotiis cogitare, et in solitudine secum loqui solitum; ut neque cessaret unquam, et interdum colloquio alterius non egeret. Itaque duæ res, quæ languorem afferunt ceteris, illum acuebant, otium et solitudo.

Cicéron. De officiis, liv. III, 1.

## LXVII

### Opinion de Socrate sur l'homme heureux.

Socrates, cum esset ex eo quæsitum, Archelaum, Perdiccæ filium, qui tum fortunatissimus haberetur, nonne beatum putaret? — « Haud scio, inquit, nunquam enim cum eo collocutus sum. » — « Ain' tu? an tu aliter id scire non potes? » — « Nullo modo. » — Tu igiturne de Persarum quidem rege magno potes dicere, beatusne sit? » — « An ego possum, cum ignorem, quam sit doctus, quam vir bonus? » — « Quid? tu in eo sitam vitam beatam putas? » — « Ita prorsus existimo bonos beatos, improbos miseros. » — « Miser ergo Archelaüs? » — « Certe si injustus. »

Cicéron. Tusculanes, V, 12.

## LXVIII

### La faculté d'oublier préférée à celle de se souvenir.

Apud Græcos fertur incredibili quadam magnitudine consilii atque ingenii Atheniensis ille fuisse Themistocles : ad quem quidam doctus homo, atque in primis eruditus accessisse dicitur, eique artem memoriæ, quæ tum primum proferebatur, pollicitum esse se traditurum. Cum ille quæsisset quidnam illa ars efficere posset, dixisse illum doctorem, ut omnia meminisset : et ei Themistoclem respondisse, gratius sibi illum esse facturum, si se oblivisci quæ vellet, quam si meminisse, docuisset.

Cicéron. De oratore, II, 74.

# LXIX

## Supériorité des sens de l'homme sur ceux des animaux.

Omnis sensus hominum multo antecellit sensibus bestiarum. Primum enim oculi in iis artibus, quarum judicium est oculorum, in pictis, fictis, cælatisque formis, in corporum etiam motione, atque gestu multa cernunt subtilius. Colorum etiam, et figurarum venustatem, atque ordinem, et ut ita dicam, decentiam oculi judicant : atque etiam alia majora. Nam et virtutes et vitia cognoscunt : iratum, propitium; lætantem, dolentem; fortem, ignavum; audacem timidumque cognoscunt. Aurium item est admirabile quoddam, artificiosumque judicium, quo judicatur et in vocis, in tibiarum nervorumque cantibus varietas sonorum, intervalla, distinctio, et vocis genera permulta : canorum, fuscum; læve, asperum; grave, acutum; flexibile, durum; quæ hominum solum auribus judicantur. Nariumque item, et gustandi pariter et tangendi magna judicia sunt. Ad quos sensus capiendos et perfruendos, plures etiam, quam vellem, artes repertæ sunt. Perspicuum est enim quo compositiones unguentorum, quo ciborum conditiones, quo corporum lenocinia processerint.

Cicéron. De nat. Deorum, liv. II, 58.

# LXX

### L'âme humaine a une origine divine.

Animorum nulla in terris origo inveniri potest. Nihil enim est in animis mixtum atque concretum, aut quod ex terra natum atque fictum esse videatur : nihil ne aut humidum quidem, aut stabile, aut igneum. His enim in naturis nihil inest, quod vim memoriæ, mentis, cogitationis habeat; quod et præterita habeat, et futura provideat, et complecti possit præsentia : quæ sola divina sunt. Nec invenietur unquam, unde ad hominem venire possint, nisi a Deo. Singularis est igitur quædam natura atque vis animi sejuncta ab his usitatis notisque naturis. Ita quidquid est illud, quod sentit, quod sapit, quod vult, quod viget, cœleste et divinum est : ob eamque rem æternum sit necesse est.

Cicéron. Fragm. de Consol.

# LXXI

### Le bonheur dans la vie.

Non est, falleris, hæc beata non est
Quam vos creditis esse vita, non est
Fulgentes manibus videre gemmas,
Aut testudineo jacere lecto,
Aut pluma latus abdidisse molli,
Aut auro bibere, et cubare cocco,
Regales dapibus gravare mensas,

Et quidquid Libyco secatur arvo
Non una positum tenere cella;
Sed nullos trepidum timere casus,
Nec vano populi favore tangi,
Et stricto nihil æstuare ferro;
Hoc quisquis poterit, licebit illi
Fortunam moveat loco superbus.

Pétrone, — Fragments poétiques.

## LXXII

### L'homme de bien seul peut avoir un sommeil paisible.

Aiunt T. Cælium quemdam Terracinensem, honinem non obscurum, cum cœnatus cubitum in idem conclave cum duobus adolescentibus filiis isset, inventum esse mane jugulatum. Cum neque servus quisquam reperiretur, neque liber ad quem ea suspicio pertineret, id ætatis autem duo filii propter cubantes ne sensisse quidem se dicerent : nomina filiorum de parricidio delata sunt. Quid postea? erat sane suspiciosum : neutrum sensisse; ausum autem esse quemquam se in id conclave committere, eo potissimum tempore, cum ibidem essent duo adolescentes filii qui et sentire et defendere facile possent. Erat porro nemo in quem ea suspicio conveniret. Tamen cum planum judicibus esset factum, aperto ostio dormientes eos repertos esse, judicio absoluti adolescentes et suspicione omni liberati sunt. Nemo enim putabat quemquam esse, qui cum omnia divina atque humana jura scelere nefario polluisset, somnum statim capere potuisset : propterea quod qui tantum facinus commiserunt, non modo sine cura quiescere , sed ne spirare quidem sine metu possunt.

Cicéron. Orat. pro Roscio, 23.

## LXXIII

### La vie n'est pas assez longue parce qu'on n'en profite pas.

Non exiguum temporis habemus ; sed multum perdimus. Satis longa vita, et in maximarum rerum consummationem large data est, si tota bene collocaretur. Sed ubi per luxum ac negligentiam defluit, ubi nulli rei bonæ impenditur ; ultima demum necessitate cogente, quam ire non intelleximus, transisse sentimus. Ita est : non accepimus brevem vitam, sed fecimus : nec inopes ejus, sed prodigi sumus. Sicut amplæ et regiæ opes, ubi ad malum dominum pervenerunt, momento dissipantur, at quamvis modicæ, si bono custodi traditæ sunt, usu crescunt ; ita ætas nostra bene disponenti multum patet.

Sénèque. De la brièveté de la vie, ch. 1.

# LXXIV

### Les biens impérissables.

Aristippus philosophus socraticus, naufragio cum ejectus ad Rhodiensium littus animadvertisset geometrica schemata descripta, exclamavisse ad comites ita dicitur : « Bene speremus ! hominum enim vestigia video : » statimque in oppidum Rhodum contendit, et recta gymnasium devenit, ibique de philosophia disputans muneribus est donatus, ut non tantum se ornaret, sed etiam eis, qui una fuerant, et vestitum et cetera, quæ opus essent ad victum, præstaret. Cum autem ejus comites in patriam reverti voluissent, interrogarentque eum, quidnam vellet domum renunciari, tunc ita mandavit dicere : « ejusmodi possessiones et viatica liberis oportere parari, quæ etiam e naufragio una possent enatare. Namque ea vera præsidia sunt vitæ, quibus neque fortunæ tempestas iniqua neque publicarum rerum mutatio neque belli vastatio potest nocere. »

Vitruve. De l'architecture, liv. VI. Préface.

# LXXV

### La véritable amitié ne peut être que vertueuse.

Plerique perverse, ne dicam impudenter, amicum habere talem volunt, quales ipsi esse non possunt : quæque ipsi non tribuunt amicis, hæc ab iis desiderant. Par est autem, primum ipsum esse virum bonum, tum alterum similem sui quærere. In talibus ea, quam jamdudum tractamus, stabilitas amicitiæ confirmari potest : cum homines benevolentia conjuncti, primum cupiditatibus iis quibus ceteri serviunt, imperabunt : deinde æquitate justitiaque gaudebunt, omniaque alter ab altero suscipiet : neque quidquam unquam nisi honestum et rectum alter ab altero postulabit : neque solum colent inter se, ac diligent, sed etiam verebuntur. Nam maximum ornamentum amicitiæ tollit, qui ex ea tollit verecundiam. Itaque in iis perniciosus est error, qui existimant, libidinum peccatorumque omnium patere in amicitia licentiam. Virtutum amicitia adjutrix a natura data est, non vitiorum comes.

Cicéron. — De amicitia, ch. xxii.

## LXXVI

**Le luxe est souvent un crime contre la charité.**

An vos ampla extollunt atria ; quæ magis debent compungere, quia quum populos capiant, vocem excludunt pauperis ? Quanquam nihil prosit audiri eam, quæ etiam audita nihil proficit. Deinde non ipsa vos pudoris aula admonet, qui ædificando vestras vultis superare divitias, nec tamen vincitis. Parietes vestitis, nudatis homines. Clamat ante domum tuam nudus, et negligis : clamat homo nudus, et tu sollicitus es quibus marmoribus pavimenta tua vestias. Pecuniam pauper quærit, et non habet : panem postulat homo, et equus tuus aurum sub dentibus mandit. Sed delectant te ornamenta pretiosa, quum alii frumenta non habeant. Quantum, o dives, sumus tibi judicium ! Populus esurit, et tu horrea tua claudis : populus deplorat, et tu gemmam tuam versas. Infelix, cujus in potestate est tantorum animas a morte defendere, et non est voluntas ! Totius vitam populi poterat annuli tui gemma servare.

Saint Ambroise. — Livre de Naboth.

# LXXVII

### Simonides à diis servatus.

I. — Simonides...............
Victori laudem cuidam pyctæ ut scriberet,
Certo conduxit pretio. Secretum petit.
Exigua quum frenaret materia impetum,
Usus poetæ more est et licentia,
Atque interposuit gemina Ledæ sidera,
Auctoritatem similis referens gloriæ.
Opus approbavit, sed mercedis tertiam
Accepit partem. Quum reliquum posceret :
« Illi, inquit, reddent quorum sunt laudes duæ ;
« Verum, ut ne irate dimissum te sentiam,
« Ad cœnam mihi promitte ; cognatos volo
« Hodie invitare, quorum es in numero mihi. »
Fraudatus quamvis et dolens injuria,
Ne male dimissus gratiam corrumperet,
Promisit. Rediit hora dicta, recubuit.

II. — Splendebat hilare poculis convivium,
Magno apparatu læta resonabat domus,
Duo quum repente juvenes, sparsi pulvere,
Sudore multo diffluentes corpora,
Humanam supra formam, cuidam servulo
Mandant ut ad se provocet Simonidem;
Illius interesse; ne faciat moram.
Homo perturbatus excitat Simonidem.
Unum promorat vix pedem triclinio,
Ruina cameræ subito oppressit cæteros;
Nec ulli juvenes sunt reperti ad januam.
Ut est vulgatus ordo patratæ rei,
Omnes scierunt numinum præsentiam
Vati dedisse vitam mercedis loco.

Phèdre, liv. IV, fable 24.

# LXXVIII

### Naufragium Simonidis.

Homo doctus in se semper divitias habet.
Simonides, qui scripsit egregium melos
Quo paupertatem sustineret facilius,
Circuire cœpit urbes Asiæ nobiles,
Mercede pacta laudem victorum canens.
Hoc genere quæstus postquam locuples factus est,
Redire in patriam voluit cursu pelagio :
(Erat autem natus, ut aiunt, in Cea insula.)
Adscendit navem, quam tempestas horrida
Simul et vetustas medio dissolvit mari.
Hi zonas, illi res pretiosas colligunt,
Subsidium vitæ. Quidam curiosior :

« Simonide, tu ex opibus nil sumis tuis ? »
— « Mecum, inquit, mea sunt cuncta. » Tunc pauci
Quia plures onere degravati perierant.     [enatant,
Prædones adsunt ; rapiunt quod quisque extulit,
Nudos relinquunt. Forte Clazomenæ prope
Antiqua fuit urbs, quam petierunt naufragi,
Hic litterarum quidam studio deditus
Simonidis qui sæpe versus legerat,
Eratque absentis admirator maximus,
Sermone ab ipso cognitum cupidissime
Ad se recepit ; veste, nummis, familia
Hominem exornavit. Cæteri tabulam suam
Portant rogantes victum. Quos casu obvios
Simonides ut vidit : « Dixi, inquit, mea
« Mecum esse cuncta ; vos quod rapuistis, perit. »

Phèdre, liv. IV, fable, 21.

## LXXIX

### Scurra et rusticus.

Pravo favore labi mortales solent,
Et, pro judicio dum stant erroris sui
Ad pœnitendum rebus manifestis agi.
    Facturus ludos dives quidam et nobilis,
Proposito cunctos invitavit præmio,
Quam quisque posset, ut novitatem ostenderet.
Venere artifices laudis ad certamina :
Quos inter Scurra, notus urbano sale,
Habere dixit se genus spectaculi,

Quod in theatro nunquam prolatum foret.
Dispersus rumor civitatem concitat :
Paulo ante vacua turbam deficiunt loca.
In scena vero postquam solus constitit,
Sine apparatu, nullis adjutoribus,
Silentium ipsa fecit exspectatio.
Ille in sinum repente demisit caput,
Et sic porcelli vocem est imitatus sua,
Verum ut subesse pallio contenderent,
Et excuti juberent. Quo facto , simul
Nihil est repertum, multis onerant laudibus,
Hominemque plausu prosequuntur maximo,
Hoc vidit fieri Rusticus. « Non mehercule
Me vincet, » inquit : et statim professus est
Idem facturum melius se postridie.
Fit turba major. Jam favor mentes tenet,
Et derisuri, non spectaturi, sedent.
Uterque prodit Scurra degrunnit prior,
Movetque plausus, et clamores suscitat.
Tunc simulans sese vestimentis Rusticus
Porcellum obtegere, (quod faciebat scilicet,
Sed, in priore quia nil compererant, latens),
Pervellit aurem vero quem celaverat,
Et cum dolore vocem naturæ exprimit.
Acclamat populus, scurram multo similius
Imitatum, et cogit Rusticum trudi foras,
At ille profert ipsum porcellum e sinu,
Turpemque aperto pignore errorem probans,
« En, hic declarat, quales sitis judices. »

Phèdre, liv. IV, fable 5.

# LXXX

### Mus urbanus et rusticus.

Hospitio quondam mus urbanus rustici
Exceptus, vili glande cœnat in cavo.
Induxit precibus post, ut urbem rusticus
Cellamque intraret plenam rebus optimis.
In qua dum variis perfruuntur reliquiis,
Impulso venit ostio cellarius,
Quo mures diffugiunt strepitu perterriti,
Et notis facile urbanus se condit cavis ;
At miser ignota trepidans rusticus domo,
Timensque mortem, per parietes cursitat.
Ut, quæ volebat, sustulit cellarius,
Clausitque limen, iterum urbanus rusticum
Hortatur. Ille perturbatis sensibus,
« Vix, inquit, possum capere præ metu cibum.
« Putasne, veniet ille ? » — « Quid tantum times ?
« Urbanus inquit : age, fruamur ferculis,
« Quæ frustra rure quæras. » — Contra rusticus :
« Tu, qui timere nescis, fruere his omnibus :
« At me securum pascat glans et liberum,
« In paupertate tutum præstat vivere,
« Quam divitiarum carpi sollicitudine. »

Phèdre, fable 9. Appendix.

# NOTICES BIOGRAPHIQUES

## DES AUTEURS

DONT DES EXTRAITS SE TROUVENT DANS LE PREMIER
VOLUME DU COURS DE VERSIONS LATINES.

# NOTICES BIOGRAPHIQUES

## DES AUTEURS

DONT DES EXTRAITS SE TROUVENT DANS LE PREMIER
VOLUME DU COURS DE VERSIONS LATINES.

SAINT AMBROISE (340-397 ap. J.-C.). Il naquit probablement à Trèves où devait résider son père, préfet du prétoire et
préfet des Gaules. Il perdit celui-ci de bonne heure, mais sa
mère, sa sœur Marcelline, son frère Satyre dirigèrent sa jeunesse studieuse et lui donnèrent les plus heureux exemples. —
Il termina ses études à Rome, vint à Milan, y plaida avec
succès, ce qui le fit distinguer et nommer gouverneur de la
Ligurie et de l'Émilie. On admira bientôt sa douceur et sa
sagesse, et quoiqu'il ne fût que catéchumène, l'évêque de
Milan étant mort, le peuple le choisit par acclamations pour
lui succéder. Ambroise baptisé et consacré évêque, montra les
plus sublimes vertus. Il mourut à Milan en 397.

Il a laissé un grand nombre d'ouvrages religieux parmi lesquels on remarque le traité des *Devoirs des prêtres*, et les
beaux livres d'*Elie*, de *Tobie* et de *Naboth*. Ses écrits sont
pleins d'onction, parfois de force et de majesté. Le style de
saint Ambroise, s'il n'est pas toujours pur, est agréable et
animé.

APULÉE (Lucius Apuleius) — (114-184 ou 190) naquit à Ma-
daure (Afrique), étudia successivement à Carthage, à Athènes,
à Rome où il apprit la langue latine, seul et avec des peines in-
finies (*ærumnabili labore*). Il acquit à Rome un renom comme
avocat, mais le goût des voyages l'éloigna de cette ville. Sa for-

tune diminua. Alors, ne pouvant plus voyager, il retourna dans sa patrie et s'y maria richement avec une veuve. — Dès lors il se consacra aux lettres, et déclamant, enseignant, écrivant, il vécut jusqu'à un âge avancé. — Orateur, il nous a laissé les *Florides*, fragments de ses discours, et son *Apologie* qu'il prononça contre Pontianus, fils de sa femme qui l'accusait d'avoir usé de magie pour épouser sa mère ; — philosophe néoplatonicien, il a laissé un traité *Sur la vie et la doctrine de Platon*, un traité *Sur le démon de Socrate* et un *Sur le monde* ; — écrivain, il a laissé la *Métamorphose* ou *l'Ane d'or*, roman ingénieux et satirique. Les 4e, 5e et 6e livres comprennent le fameux épisode de Psyché mis à contribution par tous les arts. Ce récit est écrit avec facilité et même simplicité, c'est ce qu'il y a de mieux dans l'œuvre d'Apulée dont le style est le plus souvent affecté, pénible, néologique et obscur.

AULU-GELLE (Aulus-Gellius ou Agellius) florissait vers 130 ap. J.-C. Il naquit probablement à Rome sous Adrien et mourut sous Marc-Aurèle. Il étudia d'abord à Rome, puis à Athènes. Il séjourna assez longtemps en Grèce, fit encore d'autres voyages et rentra à Rome. Là, il occupe un rang dans la magistrature sans cesser de mener la vie d'érudit et d'amateur, courant les libraires et les marchands d'objets d'art. Il compile, sous le titre de *Nuits attiques*, une foule d'anecdotes, de discussions littéraires et philosophiques, qui remplissent sa vie, et transmet ainsi à la postérité un recueil précieux. Il écrit sans examen et sans ordre. Souvent son style est obscur. Saint Augustin le trouve élégant. Les modernes reconnaissent en Aulu-Gelle un excellent compilateur, un érudit et un homme d'esprit.

CATON (Marcus Porcius Priscus, surnommé aussi Major et Censorius) (234-149 av. J.-C.) naquit à Tusculum. Ses parents comme ses ancêtres étaient laboureurs, mais aux jours de besoin devenaient de bons conseillers et de courageux soldats. Il passa son enfance à Tusculum, puis vint à Rome. Quelques critiques pensent qu'il parut alors au barreau. A 17 ans, il était à l'armée ; durant la seconde guerre punique, il fit plusieurs campagnes et retourna aux champs. Son voisin Valerius Flaccus l'emmena à Rome briguer les charges publiques.

Caton réussit ; il fut questeur, consul en Espagne, en Grèce, et triomphateur (195), censeur en 187. Sa sévérité dans cette dernière magistrature est devenue proverbiale. On se souvient du *Delenda est Carthago* qui amena les Romains à déclarer la troisième guerre punique. — Caton a beaucoup écrit, mais il ne nous reste de lui que le traité *De re rustica*, résumé de recettes et d'observations agricoles. La perte de ses *Origines romaines* est très-regrettable. Le style de Caton est empreint d'une brièveté originale. Tite-Live et Cicéron ont vanté la puissance de son éloquence.

CATULLE (Caius Valerius Catullus) — (87 av. J.-C.) naquit à Vérone d'une famille distinguée. Il vint de bonne heure à Rome. Il y connut Cicéron, Salluste, Corn. Nepos, Lucrèce, Varron et vécut parmi ces grands écrivains. Mais sa bourse était vide et, comme il le dit, pleine de toiles d'araignées. Pour la remplir un peu, il voyagea avec Mummius se rendant en Bithynie. Catulle revint à Rome au temps de la guerre civile entre César et Pompée et prit parti pour Pompée. Il mourut avant la fin de la lutte à l'âge de 30 ou 40 ans. — Il laissait des poésies légères, des épigrammes, des élégies et quelques petits poèmes qui nous sont presque tous parvenus. Imitateur des anciens, il a beaucoup emprunté aux Grecs tant pour le fond que pour la forme. Ses *Élégies* se rapprochent plus des *Odes* d'Anacréon que des *Tristes* d'Ovide. — Son style a de la négligence, de l'abandon, mais c'est sans doute par calcul et à cause des sujets que Catulle traite. Sa diction est pure, élégante, quoiqu'on y trouve des expressions que n'ont pas reproduites les écrivains postérieurs.

CELSE (Aulus Cornelius) naquit à Rome ou à Vérone. Il vécut au 1er siècle de l'ère chrétienne. On croit qu'il fut médecin. Il nous reste de lui un traité en 8 livres : *De re medica*. Cet ouvrage est précieux par le fond des choses, et par le style qui est concis, élégant et clair autant que la langue latine permettait de l'être dans l'expression d'idées scientifiques. Ce traité faisait partie d'une grande encyclopédie intitulée : *Sur les arts*. Il a eu un grand nombre d'éditions.

CÉSAR (C. Julius Cæsar) — (101-44 av. J.-C.). Sa vie appartient à l'histoire et aux lettres. Neveu de Marius, proscrit par Sylla, il est obligé, jeune encore, de quitter Rome. Il y rentre après la mort de Sylla, obtient la préture urbaine, protége sans doute la conspiration de Catilina, part en 60 pour l'Espagne, et à son retour devient consul. Il forme avec Pompée et Crassus un fameux triumvirat. Pendant 10 ans, il conquiert et gouverne les Gaules et s'avance jusque dans la Grande-Bretagne. Pompée, jaloux de ses succès, s'oppose à ce qu'on prolonge la durée du commandement de César en Gaule. La guerre civile commence (49) pour ne finir qu'après la défaite de Pharsale, la mort de Pompée et la ruine de son parti à Munda (45). Dès lors César, dictateur pour 10 ans, est maître absolu. Il se montre digne de ce haut rang. Pourtant on conspire contre lui et le 15 mars de l'an 44 av. J.-C., il tombe percé de coups de poignards au milieu du sénat.

La naissance de César, son éducation le prédestinaient à des succès littéraires. Sa mère, Aurélie, était une femme instruite qui donna tous ses soins à son fils. Elle fut secondée dans son œuvre par Antonius Gniphon, grammairien qui avait ouvert, dans la maison même du père de César, une école en juste renom. Les progrès du jeune Jules furent rapides. Il écrit de bonne heure un *Éloge d'Hercule* et une tragédie intitulée : *Œdipe*. A 20 ans, il paraît au Forum, accuse Dolabella et s'élève au premier rang parmi les orateurs. Désireux de se perfectionner, il part pour Rhodes où il demande des leçons à Apollonius Molon. A son retour, on reconnaît déjà qu'il parle avec force et pénétration, qu'il a la conception rapide, qualités qu'il montrera sur les champs de bataille. Ici encore il est littérateur ; il écrit des mémoires. Quels mémoires ! Ne sont-ils pas de ceux qui ôtent à tous l'envie d'écrire une histoire tant les matériaux sont parfaits ? Chacun connaît les deux monuments intitulés : *Commentaires sur la guerre des Gaules et sur la guerre civile*. Nous nous contentons de reproduire le jugement de Cicéron sur ces pages célèbres. « Nudi sunt, recti et venusti, omni ornatu orationis, tanquam veste detracta. » C'est l'œuvre d'un grand écrivain, d'un grand général, d'un grand homme d'État.

CICÉRON (Marcus Tullius Cicero) — (107-44 av. J.-C.). Nous ne prétendons point ici donner une biographie complète de cet homme éminent : nous ferons seulement l'esquisse de l'homme politique et de l'écrivain.

Il naquit près d'Arpinum le 3 janvier 107 av. J.-C. Sa famille appartenait à l'ordre équestre, mais aucun de ses membres n'avait antérieurement brigué les charges publiques. Agé de 30 ans, Cicéron homme nouveau fut nommé questeur en Sicile; en 71 il arrive à l'édilité, en 68 à la préture, et en 64 au consulat. Cette année-là, il sauve Rome de la conjuration de Catilina et reçoit le surnom de *Père de la patrie*. En 62, il quitte Rome pour aller prendre possession de son gouvernement d'Asie d'où il revient en 60. — La guerre civile éclate, Cicéron s'attache au parti de Pompée, mais dès que César vainqueur montre sa clémence, il se rapproche de lui. Il avait été nommé augure en 54; en 52, il fut choisi pour gouverner la Cilicie. Après la mort de César et la formation du triumvirat d'Octave, d'Antoine et de Lépide, Cicéron prit parti pour Octave et attaqua Antoine dans des discours violents. Celui-ci ne lui pardonna pas, et un jour ses sicaires lui envoyèrent la tête de Cicéron assassiné par eux; Antoine la fit attacher à la tribune aux harangues.

L'écrivain fut formé par divers maîtres et par lui-même. Son père et son aïeul dirigèrent d'abord son éducation; puis son père l'amena à Rome et le confia aux meilleurs professeurs. L'adolescent ne se contentait pas d'eux, mais étudiait par lui-même la poésie et l'éloquence, écoutant Antoine et Crassus, orateurs célèbres, traduisant les poètes et les orateurs grecs, et se préparant à faire une brillante entrée au Forum. Il avait 26 ans lorsqu'elle eut lieu. Il défendit Roscius d'Amérie contre un affranchi de Sylla. Son succès fut complet, mais l'orateur crut qu'il pouvait arriver plus haut. Il avait étudié la jurisprudence sous Mucius Scœvola, il voulut étudier l'éloquence à Rhodes sous Molon. Là, il vit des philosophes, discourut avec eux et après un assez long séjour qu'il fit à Athènes, il revint à Rome. Dès lors, ses plaidoyers au Forum excitent de plus en plus l'admiration, ses discours au Sénat le font avancer à grands pas dans les honneurs. Que sert de rappeler le *Pro Marcello*, le *Pro Archiá*, les *Catilinaires*, les *Philippiques*? Chacun connaît ces merveilles d'éloquence, beaucoup les savent par cœur. Le grand orateur romain ne se contente pas de parler, il laisse à la postérité ses idées sur l'art oratoire et produit de nouveaux chefs-d'œuvre : le *De Oratore*, l'*Orator*, le *Brutus*. A son esprit dévorant il fallut encore un nouvel aliment et la philosophie de la nouvelle Académie trouva en lui son plus fameux représentant. Les *Tusculanes*, les *Académiques*, et le *Traité de la République* seront toujours des œuvres qui honoreront l'esprit humain.

Grand homme d'État, grand orateur, grand rhéteur, grand philosophe, Cicéron est la plus haute expression de l'intelligence romaine dans le domaine littéraire. Sa lecture est des plus attrayantes. Son style séduit. Il est facile, élégant, pur, ample, coloré, vif, et pourtant sans emphase, sans obscurité. Puis sous le style, on trouve l'homme de bien, l'homme de cœur, le *Vir bonus dicendi peritus*, l'orateur idéal, et alors on est étonné et ravi.

COLUMELLE (L. Junius Moderatus Columella) naquit à Gadès sous le règne d'Auguste ou de Tibère. Le désir de faire prospérer ses grands domaines l'amena à voyager afin de connaître tout ce qui se rapporte à l'économie rurale. On sait qu'il alla en Syrie, en Cilicie, et se fixa à Rome vers le milieu du 1er siècle après J.-C. Il y composa en 12 livres un traité *De re rustica* et un autre *De arboribus*. Ces traités sont plus agréables à l'homme de lettres qu'utiles au cultivateur; néanmoins le *De re rustica* renferme quelques bonnes observations. Columelle a voulu écrire en vers le Xe livre de ce traité pour suppléer au chant que Virgile n'avait pu consacrer aux jardins; les vers sont bien faits, mais la poésie est absente de ce poème. — Le style de Columelle est ordinairement pur et élégant, mais un peu recherché pour la matière que l'auteur traite.

CORNELIUS NEPOS naquit à Vérone ou à Hostilie, entre 96 et 86 av. J.-C. d'après les uns et en 60 suivant d'autres. Il mourut assurément après 33 av. J.-C. date de la mort d'Atticus dont il écrivit la vie, mais la date précise de sa mort est inconnue. Il vint à Rome sous la dictature de César, y composa un grand nombre d'ouvrages qui lui valurent une grande célébrité. Il devint l'ami de Cicéron avec qui il eut une correspondance suivie, de Catulle qui lui donna à lire ses poésies avant de les publier, de Pomponius Atticus à qui il dédie un de ses livres. Tous ses contemporains l'estimèrent, et ainsi qu'eux toute l'antiquité le jugea avec admiration, vanta son élégance, sa pureté, sa simplicité si bien relevée par la noblesse des pensées. Il ne nous reste de toutes ses œuvres que quelques parties des biographies de ses hommes illustres, et les vies de Caton et d'Atticus qui paraissent être entières. Ces morceaux, recueillis au temps de Théodose par un certain Emilius Probus, sont bien propres à faire regretter la perte de l'œuvre de Cornélius Nepos.

FLORUS (L. Annœus). On ignore sa patrie, son nom, son siècle; on ne peut établir son authenticité avec l'auteur de l'Épitome de l'histoire Romaine. Les uns le croient du siècle d'Auguste, l'appellent Julius Florus et le font ami d'Horace; les autres le croient membre de la famille Annœa, et alors parent des Sénèque et neveu du philosophe; d'autres le font encore vivre dans les siècles postérieurs à celui de Trajan. On a de Florus un *Abrégé d'histoire Romaine* en 4 livres, depuis Romulus jusqu'au temps où Auguste ferma le temple de Janus. Il y a dans ce travail de grandes qualités qui le rendent intéressant : de l'ordre, de la variété, de la chaleur, de la noblesse, des images vives, des pensées énergiques, des traits brillants; mais on peut lui reprocher d'être parfois trop poétique, un peu déclamatoire; on y regrette souvent l'absence de critique historique et l'ignorance de l'auteur en matière de chronologie et de géographie.

FRONTIN (Sextus Julius Frontinus) — (environ 40-106 ap. J.-C.). On ne connaît rien de sa jeunesse. On sait qu'il fut préteur en 70, qu'il fut plusieurs fois consul et qu'il commanda les armées de Bretagne. C'est à ces fonctions militaires qu'il dut l'idée d'écrire les *Stratagèmes*, récit des diverses ruses de guerre employées par les anciens capitaines. C'est le livre d'un homme de mérite. Malgré les tortures que les copistes ont fait subir au texte primitif, on y trouve un style simple, précis et ne manquant pas d'expression. — Appelé par Nerva à l'intendance des eaux, Frontin écrivit le *Traité des aqueducs*, c'est-à-dire la description et l'histoire des aqueducs de Rome. Cet ouvrage se recommande aussi par d'estimables qualités. — D'après une lettre de Pline, Frontin aurait été augure, mais il ne paraît pas avoir laissé d'écrit sur ce qui intéressait ces fonctions.

Saint Jérôme (342-320 ap. J.-C.) naquit à Stridon en
Pannonie. Ses parents, riches et chrétiens, lui firent donner
une bonne éducation. Pour la terminer, Jérôme vint suivre à
Rome les leçons du grammairien Donat et du philosophe Vic-
torin. Là, saint Jérôme mena une vie voluptueuse, mais ses
égarements durèrent peu ; il résolut de régler son existence, et
pour préparer ce changement, fit un voyage en Germanie. A
son retour à Rome, il reçoit le baptême, puis entreprend des
voyages en Orient durant lesquels il reçoit à Antioche la con-
sécration sacerdotale. Rome l'attire de nouveau. Il y revient
comme secrétaire du pape Damase. Bientôt l'élite des dames
chrétiennes romaines lui demande des conseils spirituels, mais
l'envie l'attaque et le calomnie ; alors il part pour la Palestine
et se retire à Bethléem. Là, il se livre à la pénitence, dirige la
construction de plusieurs monastères, continue de grands travaux intellectuels, entreprend et achève la traduction des livres
saints d'après le texte hébreu, et meurt après une vie de la-
beurs, de veilles et de prières. Il a laissé un grand nombre
d'écrits historiques et polémiques. — Son style est pur, facile,
éloquent, mais parfois trop emporté.

Justin (M. Junianus) — (IIᵉ siècle ap. J.-C.) passe pour
avoir vécu sous les Antonins. Pour tout ce qui concerne sa vie,
on est réduit à des conjectures. Quant à son ouvrage, c'est un
abrégé du grand ouvrage historique de Trogue-Pompée ; « c'est
un tableau rapide des plus grands événements arrivés chez les
nations conquérantes ou qui ont fait quelque bruit dans le
monde. » Le style est net, sage, clair, relevé par de belles pensées, de solides réflexions et animé par des descriptions vives.
Ces grandes qualités, il ne faut pas en faire honneur à Justin
seul ; il est juste d'en donner la plus grande part à Trogue-
Pompée, le modèle que Justin a suivi et à qui il a emprunté
textuellement les plus belles pages qui ornent son abrégé.

Martial (Marcus Valerius Martialis) (43 ap. J.-C. —
105 environ) naquit en Espagne à Bilbilis. Il était citoyen romain par droit de naissance. Pour perfectionner son éducation,
il vint à Rome à l'âge de 21 ans, sous Néron, s'y fixa pendant
35 ans, s'y créa des amis parmi les hommes les plus illustres
de ce temps, Juvénal, Quintilien, Silius, Pline-le-Jeune, et y

fut nommé tribun honoraire, puis chevalier honoraire par Domitien et Titus qui l'eurent en grande estime. Mais l'argent lui manqua pour continuer de vivre à Rome, il revint à Bilbilis à l'âge de 56 ans, s'y remaria deux fois et y mourut vers l'an 105. — Il laissait environ 1500 *Epigrammes* en 14 livres, plus un livre préliminaire intitulé *Spectacles*. Il a de l'esprit, de la causticité ; son style quoique simple, concis, clair, est travaillé, et parfois subtil et affecté. Trop souvent l'auteur est immoral ; le rôle de censeur des mœurs qu'il jouait, prétend-on, ne saurait l'excuser. Il a dit de ses *Epigrammes* : « Sunt bona, sunt quædam mediocria, sunt mala plura. » Nous ne retrancherons rien à ce jugement.

MÉLA (ou Mella Pomponius) était Espagnol. Il naquit à Tingentera dans la Bétique. Il écrivit sous Claude, et dans ce cas naquit sans doute sous Auguste. De nombreux critiques veulent qu'il appartienne à la famille Annœa d'où sortirent les Sénèque ; mais les uns le font le plus jeune fils de Sénèque le rhéteur et père de Lucain, d'autres le croient seulement petit-fils de Sénèque ; d'autres le confondent avec cet Annœus Méla accusé d'avoir conspiré contre Néron, et qui, sur l'ordre de l'empereur désireux de ses richesses, se fit ouvrir les veines, en 67, ainsi que le rapporte Tacite. — Pomponius Méla a laissé une *Géographie* en 3 livres ; c'est le récit agréable d'un voyageur qui nous conduit avec lui à travers le globe. Il y a bien des inexactitudes, mais le style est correct, concis, quelquefois affecté ; les descriptions sont vives et intéressantes.

OBSEQUENS (Julius) — (1er siècle ap. J.-C.) On ne sait rien de sa vie. Les uns le font vivre à l'époque d'Auguste, d'autres au IVe siècle ap J.-C. Il avait fait une compilation intitulée *Des prodiges*. Le plus souvent c'étaient des extraits, ou des morceaux résumés des grands historiens. Il ne nous est parvenu qu'une partie de ce recueil des faits miraculeux que la politique ou la religion multipliaient à Rome. — Le style de cet auteur est simple et pur, la narration vive, qualités dues sans doute à ceux à qui Obsequens emprunte. Les développements et les réflexions manquent absolument dans son ouvrage.

OVIDE (Publius Ovidius Naso) — (43 av. J.-C. — 17 ap. J.-C.) naquit à Sulmone d'une famille de chevaliers romains extrêmement riche. Sa famille lui fit donner une excellente éducation et l'envoya à Rome étudier la jurisprudence. Il alla même en Grèce, en Asie-Mineure, revint à Rome, y plaida, mais il dut céder à son goût pour la poésie. Il écrivit des vers qui bientôt lui valurent l'entrée du palais d'Auguste, l'amitié de tous les poètes et écrivains de sa brillante époque. Il était déclaré le premier parmi eux. A chacun de ses ouvrages, il montait dans la faveur publique quand tout-à-coup un ordre venu de l'empereur le relégua à Tomes sur le Pont-Euxin (9 ap. J.-C.). On en est réduit à des conjectures sur les motifs de cette détermination impériale. Ovide partit, et du fond de son exil, il essaya en vain de fléchir Auguste et d'obtenir son retour à Rome; il mourut à Tomes après 8 ans d'exil, à l'âge de 60 ans.

Ovide laissait un bagage poétique considérable : il s'était exercé avec succès dans tous les genres; poésie dramatique, didactique, satirique, élégiaque, érotique, il avait tout embrassé. Beaucoup de ses œuvres sont perdues pour nous, et parmi celles qui restent, il en est plusieurs dont l'immoralité est telle qu'on ne doit pas les lire sans nécessité. Il en est d'autres (et elles sont nombreuses), comme les *Métamorphoses*, les *Tristes*, les *Pontiques*, les *Fastes*, qui peuvent charmer les loisirs des hommes de goût. Il y a là de vrais trésors poétiques, une richesse surabondante d'idées et d'expressions. Les vers sont faciles, spirituels, gracieux. Sans doute il y a des défauts dans Ovide, ils viennent de l'excès même de ses qualités. Il manque de règle, de vigueur et d'élévation. Malgré cela, c'est un auteur qu'on aime à lire quand on est jeune, et qui procure encore de douces jouissances et d'agréables délassements aux hommes arrivés à maturité d'âge.

PÉTRONE (E. Petronius Arbiter) — (1er siècle apr. J.-C.) naquit à Marseille. Venu à Rome, il obtint les faveurs de Claude, devint proconsul de Bithynie, puis consul. Néron l'avait en grande estime comme intendant des plaisirs. Ce n'était point l'affaire de Tigellin; aussi ce préparateur des débauches impériales résolut-il de perdre Pétrone. On l'impliqua dans la conspiration de Pison. Bientôt il dut comprendre qu'il n'avait qu'à mourir. Il traça un tableau des orgies néroniennes, l'envoya à l'empereur, puis se fit ouvrir les veines. Il mourut

en écoutant la lecture de poésies légères. — Il laissait un livre :
le *Satyricon*, ouvrage qui ne nous est pas parvenu complet.
C'est une œuvre étrange ; est-ce un roman? est-ce une réunion
de divers fragments écrits par Pétrone? Nous croyons volon-
tiers que c'est une *satura lanx*, genre dont les Latins sont les
inventeurs. La valeur des morceaux qui forment le Satyricon
est bien différente. Les uns sont réellement beaux, les autres
sont des pages médiocres comme style, infâmes comme morale.
Pétrone n'est point poète, c'est un bon versificateur ; en prose,
il a de l'entrain, de l'esprit, mais n'est pas assez simple.

PHÈDRE (Julius Phædrus) — (1er siècle ap. J.-C.) On croit
qu'il naquit environ 10 ans av. J.-C. et vécut jusque sous le
règne de Claude. Les uns le font originaire de Thrace, d'autres de Macédoine. Il était esclave lorsqu'il vint à Rome. Auguste l'affranchit pour les qualités de son esprit. Plus tard,
Séjan, qu'il avait attaqué sans doute dans des écrits satiriques,
lui fit perdre la faveur impériale, et Phèdre dut se contenter
jusqu'à sa mort du patronage de personnages influents, sans
doute affranchis impériaux comme lui. — Il ne nous est parvenu de ce poète que 5 livres de fables découvertes au xvie siècle par François Pithou ; elles sont souvent imitées du grec,
mais ont des qualités particulières. Les personnages y sont
bien disposés, leurs mœurs naturelles. Le style est pur, simple,
concis, élégant, et souvent empreint de cette heureuse naïveté
qui fait la gloire de notre La Fontaine.

PLINE-L'ANCIEN (C. Plinius Secundus) — (23 ap. J.-C. —
79) naquit à Vérone ou à Côme. Sa jeunesse est peu connue.
Il servit d'abord dans les armées en Germanie et commanda une
*ala* de cavalerie. Revenu à Rome, il y étudie la jurisprudence,
paraît au barreau et consacre dès lors à la culture des lettres, à
l'étude des sciences, une activité prodigieuse. Au bain, à table,
en litière, il travaille partout. Il publie de nombreux écrits.
En 68, il paraît dans les emplois publics. Il est nommé intendant de l'empereur en Espagne ; en 73, il revient à Rome,
puis, appelé au commandement de la flotte, il se rend à Mi-
sène où il meurt en 79, lors de l'éruption du Vésuve. — La
plupart de ses ouvrages ne nous sont point parvenus, mais
nous avons son *Histoire naturelle*, travail considérable qu'il

avait dédié à Titus. C'est une encyclopédie générale en 37 livres dont les matériaux ont été puisés dans plus de 2000 volumes. C'est un monument des plus remarquables de l'antiquité. L'érudition y est vaste et profonde quoique la critique y fasse défaut; les idées y sont élevées, le style en est énergique, vif, noble, mais quelquefois emphatique.

PLINE-LE-JEUNE (C. Cœcilius Plinius Secundus) — (61 ap. J.-C. — 115) naquit à Côme d'une famille occupant un rang distingué. Il perdit son père à l'âge de 8 ans. Son oncle, Pline-l'Ancien, le recueillit avec sa mère, lui fit donner une solide instruction, persuadé que la culture de l'esprit était encore un bon moyen pour parvenir. Le jeune Cœcilius eut pour maîtres ce même oncle et le célèbre Quintilien. Il fit sous eux des études fortes et brillantes. Ses débuts au barreau le firent bientôt connaître. Ami de Tacite et de Trajan, il parcourut rapidement la série des charges publiques. Travailleur infatigable, écrivant, lisant, réfléchissant toujours, polissant son style, protégeant les gens de lettres, fondant des bibliothèques, il mérita un grand nom à Rome parmi les littérateurs. Lorsqu'il mourut, il laissa l'*Histoire de son temps*, des *Plaidoyers* (ouvrages perdus pour nous), le *Panégyrique de Trajan* et des *Lettres*. Son style a de la grâce, de l'éclat ; ses pensées sont fines, variées ; mais Il y a dans Pline-le-Jeune de l'afféterie. On sent trop qu'il écrit pour la postérité.

PUBLIUS-SYRUS (Ier siècle av. J.-C.) naquit esclave probablement en Syrie. Un officier subalterne l'amena à Rome alors qu'il n'avait encore que 12 ans et le laissa à un de ses patrons. Celui-ci, frappé des saillies de son jeune esclave, lui fit donner une éducation libérale et plus tard l'affranchit. Syrus visita l'Italie et composa des mimes qu'il jouait lui-même avec sa troupe. On le manda à Rome pour les fêtes de la réélection de J. César à la dictature. Il y vint et remporta le prix contre le vieux Labérius à qui César pourtant avait accordé sa faveur. Dès ce temps, pendant 15 ans, Syrus tint la scène à Rome, où il vécut, croit-on, jusqu'en 29 av. J.-C. Les Romains gardèrent de lui un long souvenir ; au temps de Quintilien, on le lisait dans les écoles publiques. Il devait ce succès à la noblesse des sentiments exprimés dans ses beaux vers iambiques plus encore qu'à la concision et à la précision de son style.

QUADRIGARIUS (Claudius), historien romain du temps de
Sylla, ne nous est connu que par d'assez nombreux fragments
de ses *Annales* cités par Tite-Live ou par Aulu-Gelle. Son
œuvre parait avoir été une histoire assez complète de Rome.
Son style, d'après le témoignage d'Aulu-Gelle, avait un naturel,
une pureté, une rudesse naïve qui plaisent dans les auteurs qui
écrivent au commencement d'une littérature.

QUINTE-CURCE (Quintus Curtius Rufus). On ne sait rien de
lui, ni de l'époque où il a vécu. Son nom même est en ques-
tion. Les critiques le placent du 1er au XVe siècle de l'ère chrétienne, époque où pour la première fois il en est fait mention.
Son livre sur Alexandre ne nous est parvenu que mutilé et
incomplet. Il fut traduit parfaitement par Vaugelas, c'est même
un des premiers ouvrages écrits en français classique, ce qui
fit dire à Balzac : « L'Alexandre de Quinte-Curce est invin-
cible, celui de M. de Vaugelas est inimitable. » Le style de
Quinte-Curce est pur, élégant, mais l'affectation qui y règne, le
peu de profondeur des réflexions, la multiplicité des harangues
nous font croire que l'auteur a dû vivre dans l'époque qui a
suivi les Sénèque. On a dit du livre de Quinte-Curce et avec
raison que c'était un agréable roman historique.

SALLUSTE (C. Crispus), 86-36 av. J.-C. naquit à Amiterne,
dans la Sabine, et passa sa jeunesse à Rome. Il remplit
diverses charges publiques ; mais, accusé de concussion après
son proconsulat de Numidie, il dut après ce procès, malgré son
acquittement, quitter la vie politique. Il se livra alors à sa pas-
sion pour les œuvres d'art et l'histoire. Il écrivit dans son riche
palais, au milieu de jardins superbes, le *Catilina*, le *Jugurtha*,
les *Lettres à César*, seules œuvres qui nous restent de lui, et son
ouvrage capital : sa grande *Histoire générale* en 5 livres con-
tenant le récit des événements accomplis depuis la mort de
Sylla jusqu'à la conjuration de Catilina. Salluste a écrit avec
vigueur et précision. On lui reproche son archaïsme, ajoutons
sa partialité politique.

SÉNÈQUE-LE-PHILOSOPHE (Lucius Annœus Seneca) —
(3 apr. J.-C. 65) naquit à Cordoue et suivit à Rome son père
Sénèque-le-Rhéteur qui venait y ouvrir une école d'éloquence.

Ce père remarquable fut le premier maître de son fils à qui il inspira l'amour du travail. Le jeune Lucius profita de ces bonnes leçons, il parut au barreau et y obtint un tel succès que Caligula en fut jaloux. Pour sauver le nouvel avocat, on fit croire à Caligula que Sénèque était de santé très-frêle et mourrait avant d'entrer dans les charges publiques. Sénèque quitta alors le barreau et s'adonna à la philosophie. Il ouvrit une école qui eut une grande vogue, mais il en fut arraché par une accusation de Mes-aline qui le rendait complice d'adultère de Julie. Claude relégua Sénèque en Corse. Le philosophe y resta huit ans. Il rentra à Rome avec la protection d'Agrippine qui le fit nommer préteur et le chargea de l'éducation de Néron. Plus tard, Sénèque devint le ministre de son élève, puis son courtisan au point de faire l'apologie du meurtre d'Agrippine, mais bientôt il craignit pour sa propre vie, et avec raison, car, enveloppé dans la conspiration de Pison, il reçut l'ordre de mourir. Il se fit ouvrir les veines dans un bain chaud. — Il nous reste de lui de nombreux écrits, la plupart concernant la philosophie morale. Stoïcien en apparence, au fond Sénèque est éclectique. Dans sa vie, il pratiqua les vraies vertus : simple, tempérant, affable, bon, dévoué même, il fut perdu par l'ambition. Les qualités de son âme se reflètent dans ses ouvrages, où l'on trouve des idées généreuses. C'est pourquoi l'on a cru qu'il avait connu saint Paul et sa doctrine. Le style de Sénèque est brillant, séduisant, mais il est empreint d'affectation ; à côté d'idées vraies, il cache souvent des idées paradoxales et fausses. Quintilien recommandait déjà à ses élèves de s'en méfier.

SÉNÈQUE-LE-TRAGIQUE. — On a fait sur cet auteur de nombreuses conjectures. Pour nous, cet écrivain est le même que Sénèque-le-Philosophe. Ce n'est point un poète dramatique, c'est un écrivain habile qui sait à ses heures bien frapper les vers, leur donner de la vigueur, de l'éclat, et produire des morceaux de poésie où l'on trouve des images et des traits vraiment saisissants. — Les tragédies données sous le nom de Sénèque sont : *Hercule Furieux* ; *Thyeste* ; *les Phéniciennes* ; *Hippolyte* ; *Œdipe* ; *les Troyennes* ; *Médée* ; *Agamemnon* ; *Hercule sur l'Œta* ; *Octavie*. Cette dernière ne peut être l'œuvre de Sénèque-le-Philosophe.

Space (Publius Papinius Statius) — (61 apr. J.-C. 96) naquit à Naples et vint à Rome où son père enseigna la poésie et l'éloquence et eut Domitien pour disciple. Jeune encore, il se fit connaître comme poète et obtint de très-grands succès dans les concours et les lectures publiques. Il mourut à Naples en 96, quelques-uns disent 104 apr. J.-C. Il laissait un grand poème achevé en 12 livres : *La Thébaïde*; un autre incomplet en deux chants : *l'Achilléide*; et 5 livres de petites poésies intitulées : *les Silves*. Dans ses grands poèmes (dédiés à Domitien) il s'était laissé emporter par son imagination, il y avait montré une facilité, une abondance extraordinaires ; tracé une peinture vive des objets ; mais souvent il était tombé dans l'exagération et avait abusé de l'érudition mythologique. — Dans les *Silves*, son esprit était plus à son aise. Il y a des images vives, un rhythme séduisant, une élégance réelle dans ces petits riens où l'on regrette l'absence du naturel et du sentiment.

Suétone (Caïus Suetonius Tranquillus) — naquit dans le premier siècle après J.-C. entre 63 et 74. On croit qu'il enseigna la rhétorique et parut au barreau. Il accompagna son ami Pline-le-Jeune dans son gouvernement de Bithynie, et fut par lui introduit chez Trajan. Il devint secrétaire intime d'Adrien, mais vers 121, il fut disgracié. — Il laissait, à sa mort, d'assez nombreux ouvrages. Ceux qui nous sont parvenus sont : *Les vies des douze Césars*, six chapitres du traité sur les *Rhéteurs illustres*; une partie du traité *Sur les Grammairiens*, et quelques notices biographiques. — Suétone n'est qu'un écrivain médiocre qui a réuni des matériaux pour la littérature et l'histoire. Il manque de verve et d'esprit ; il abonde de détails, mais ne fait pas de réflexions. Son grand mérite est la sincérité et une recherche sérieuse de la vérité. Il n'a pas toujours réussi sur ce dernier point. Il fut un auteur fort admiré au XVIᵉ siècle.

Tacite (Caïus Cornelius Tacitus) naquit à Intéramne en Ombrie entre 55 et 60 apr. J.-C. et mourut vers 130 ou 134. Nous n'avons aucun renseignement sur sa jeunesse ; on conjecture qu'il fut soldat ; on sait qu'il parut au barreau et y brilla avant son mariage en 78 avec la fille d'Agricola. — Au commencement du règne de Vespasien, il avait débuté dans les charges publiques par le vigintivirat ; Titus l'appuya lorsqu'il demanda soit l'édilité, soit le consulat ; en 88, sous Domitien, il fut préteur, puis quindécemvir et président des jeux séculaires qui se célébrèrent en ce temps. Ensuite il s'absenta de Rome sans doute comme propréteur de quelque province, c'est peut-être alors qu'il visita les peuplades germaniques. Il était consul à l'avénement de Nerva. On croit qu'il mourut octogénaire vers 130 ou 134.

Quoique n'ayant commencé à écrire qu'à l'âge de 40 ans, il laissa un grand nombre d'ouvrages. Nous en avons perdu une grande partie ; pourtant il nous reste de ses *Annales* ( de la mort d'Auguste à celle de Néron) les livres de I à IV, VI, XI à XV, plus la moitié du V° et à peu près autant du XVI° ; de ses *Histoires* (de l'avénement de Galba jusqu'à Nerva) les livres I à IV et le début du V° ; en totalité la *Vie d'Agricola*, les *Mœurs des Germains*, et le *Dialogue sur les Causes de la corruption de l'éloquence*. — On a beaucoup exalté le génie de Tacite, génie ami de la vérité, énergique, hardi, profond ; on a vanté son style précis, nerveux, pittoresque ; on a appelé Tacite le plus grand peintre du monde ; on l'a mis au-dessus de Thucydide et de Salluste, on a dit de ses *Annales* et de ses *Histoires* : « c'est le livre des vieillards, des philosophes, des citoyens, des courtisans, des princes ; » nous acquiesçons en général à ces jugements, mais à côté de ces éloges, nous plaçons quelques critiques. Tacite est souvent affecté et obscur ; nous le croyons parfois injuste et trop sévère envers certains empereurs.


TIBULLE (Aulus Albius Tibullus) — (vers 43 av. J.-C. — 19) naquit probablement à Rome d'une famille très-riche de l'ordre équestre. On voulut d'abord lui faire suivre la carrière des armes, mais il la quitta, revint à Rome et se livra aux plaisirs. Il y perdit sa santé et une partie de sa fortune que d'autre part la guerre civile avait diminuée. Sa pensée si riante jusqu'alors prit une teinte mélancolique. Il quitta Rome et ses amis, Horace, Ovide, Virgile, etc., et alla habiter la campagne près de Tibur. Messala le général le détermina à venir avec lui en Aquitaine et en Asie, mais le poète malade fut forcé de s'arrêter à Corcyre ; il put encore revenir à Rome où il mourut

en 19 av. J.-C., la même année que Virgile. — Il laissait
4 livres d'*Elégies*, en tout 37 petits poëmes. Voici comment
La Harpe juge ce poète d'une imagination si flexible : « Tibulle
« a moins de feu que Properce ; mais il est plus tendre, plus
« délicat : c'est le poète du sentiment. Il est surtout, comme
« écrivain, supérieur à tous ses rivaux. Son style est d'une
« élégance exquise, son goût est pur, sa composition irrépro-
« chable. Il a un charme d'expression qu'aucune traduction ne
« peut rendre, et il ne peut être bien senti que par le cœur. »

VALÈRE-MAXIME (1ᵉʳ siècle apr. J.-C.) vécut probablement
sous Tibère. Il servit dans les armées en Asie sous Sextus-
Pompée et fut consul l'année de la mort d'Auguste. Revenu
à Rome, il s'occupa d'histoire et dédia à l'empereur Tibère un
recueil en 9 livres de *Faits et paroles mémorables*. Cet ouvrage
nous est parvenu en entier. Ce sont des extraits de lecture que
Valère a essayé de classer en les groupant sous des titres
généraux : Religion, prodiges, etc., etc. C'est une compilation
diffuse, qui manque de critique. Elle est faite sans goût. Le
style assez pur, en est pourtant inégal, tendu, emphatique.
Cette collection d'anecdotes a une certaine importance au point
de vue historique ; cependant, à ce même point de vue, nous
reprocherons à Valère-Maxime d'avoir été trop en quête du
merveilleux et de ne pas avoir fait place au vrai seul.

VARRON (Marcus Terentius Varro) — (116 av. J.-C. 27.)
naquit à Réate dans la Sabine. Sa famille, riche et distinguée,
lui fit donner une excellente éducation d'abord à Rome, puis
en Grèce. On ne sait pas exactement quelles charges publiques
il exerça, pourtant on assure qu'il servit dans l'armée de Pompée. Il fut même son lieutenant en Espagne. Battu par César,
il se rendit à discrétion. César lui permit de retourner près
de Pompée. Alors Varron quitta l'armée et revint à ses
livres et à ses chères études. César le choisit pour être le bi-
bliothécaire de l'État, mais le dictateur mourut et Antoine
inscrivit le nom de Varron sur les listes de proscription. La
fuite le sauva. A son retour, il trouva la bibliothèque dévastée.
Il reprit son travail sous Auguste et le poursuivit avec bonheur.
Il mourut âgé de près de 90 ans et voulut être enseveli en
pythagoricien, dans des feuilles de myrte et d'olivie noir.

11

Varron était, au jugement de Cicéron, le plus savant des Romains. Il s'était acquis ce renom par un très-grand nombre d'ouvrages. Il dit de lui-même, à l'âge de 78 ans, qu'il a écrit 7 fois 70 livres. A 80 ans, il composa encore les *Agronomiques*. Nous ne pouvons plus guère juger s'il mérite d'être appelé « la troisième grande lumière de Rome, » comme l'appelle Pétrarque, Cicéron et Virgile étant les deux autres, car bien peu de ses écrits sont venus jusqu'à nous. Des 24 livres de son traité fort estimé *Sur la langue latine*, il n'en reste que 6 bien importants au point de vue philologique, et où se décèle dans des remarques piquantes l'esprit délicat de Varron. Son traité *De re rustica*, nous l'avons en entier, et dans ces dialogues agréables qui rappellent par leur forme les chefs-d'œuvre de Cicéron, Varron nous apparaît non-seulement comme bon agronome, mais comme écrivain, comme artiste, séduisant le lecteur par son style pur, élégant, coloré, fortement empreint de ce cachet qui décèle les œuvres des grandes époques littéraires.

VELLEIUS PATERCULUS (Caïus) — (vers 19 av. J.-C. — 31 ap. J.-C.) naquit peut-être à Naples. Quelques biographes le font naître en Campanie. A 22 ans, Auguste le crée préfet de la cavalerie. Il devient questeur, puis lieutenant de Tibère qu'il accompagne dans ses expéditions. Il arrive à la préture, mais tombe et périt même enveloppé dans la chute de Séjan. Il avait environ 50 ans. Un an avant sa mort, il écrivit un *Abrégé d'histoire* qui nous est parvenu mutilé. Nous n'en avons qu'un remarquable fragment comprenant l'histoire Grecque et l'histoire Romaine depuis le temps de Persée, roi de Macédoine, jusqu'au milieu du règne de Tibère. — Habile dans l'art de juger les hommes et de rattacher les faits à leurs causes, Velleius est un historien de mérite, un écrivain qu'on renvoie avec peine au second ordre. Il a de la profondeur, de la gravité, de l'érudition. Son style a de la sévérité, du nerf, du trait ; ses récits sont clairs et accompagnés de sages réflexions. Le président Hénault appelle Velleius : « Le modèle des abréviateurs. »

VIRGILE (70 av. J.-C. — 19.) Publius Virgilius Maro naquit le 15 octobre 684 R. C. à Andes. Son père était probablement cultivateur. Virgile vécut à Andes jusqu'à 7 ans, puis alla à Crémone; à 16 ans, il se rendit à Milan, puis à Naples. Il suivit les leçons de l'épicurien Siron, mais il paraît n'avoir adopté aucune école quoiqu'il incline vers l'Académie. Il passa à Rome quelque temps en 45 av. J.-C. Rentré à Andes, il publia de petits poèmes dont aucun n'est assurément authentique parmi ceux que l'on donne sous son nom. Les *Bucoliques* sont ses véritables débuts. C'est Pollion, dit-on, qui lui conseilla ce genre. Elles furent écrites de 43 à 37 av. J.-C. Virgile y a imité Théocrite, mais son imitation n'est pas assez libre, son talent n'est pas assez original. Le style est quelquefois obscur et forcé.

Les *Géorgiques*, œuvre d'une plus haute portée, furent composées en 7 ans (de 37 à 30) à l'instigation de Mécènes. M. Benoist a peine à croire qu'une inspiration officielle ait présidé à la conception d'une telle œuvre.

Il ne croit pas davantage que Virgile ait écrit l'*Enéide* à la demande d'Auguste. Ce poème est une œuvre de patriotisme, les hauts faits du peuple romain y sont racontés et mélangés de remercîments à Auguste qui les méritait. On sait que Virgile ne put y mettre la dernière main et que la mort le surprit à Brindes. Virgile avait 51 ans. Varius et Tucca publièrent l'Enéide dont les beautés sont connues de tous.

VITRUVE (Marcus Vitruvius Pollio) — (116-26 av. J.-C.) naquit à Vérone ou à Formies de parents aisés. Il reçut une excellente éducation, devint un architecte distingué, un homme modeste et probe. Il composa sur son art un traité fort intéressant pour nous, car il nous indique où en étaient à Rome, au siècle d'Auguste, l'architecture et plusieurs autres sciences accessoires. Le style de cet ouvrage est assez souvent obscur à cause des mots techniques, mais il a de la grandeur dans les pages que l'auteur consacre à des questions se rapportant à la philosophie de l'art. Des dix livres qui composaient le *Traité de l'Architecture*, sept seulement sont parvenus jusqu'à nous.

# TABLE DES MATIÈRES

DU PREMIER VOLUME

# TABLE DES MATIÈRES

### Deuxième Partie.

ANECDOTES, DESCRIPTIONS, ETC.

### Troisième Partie.

#### MORALE.

# CLASSE DE SIXIÈME

## Première Partie.

### HISTOIRE ET GÉOGRAPHIE.

## Deuxième Partie.

### ANECDOTES, DESCRIPTIONS, ETC.

### Troisième Partie.

#### MORALE.

# CLASSE DE CINQUIÈME

## Première Partie.

### HISTOIRE ET GÉOGRAPHIE.

## Deuxième Partie.

ANECDOTES, DESCRIPTIONS, ETC.

## Troisième Partie.

### Morale.

FIN DU PREMIER VOLUME.

Coulommiers — Typog. Albert PONSOT et P. BRODARD.

BIBLIOTHEQUE NATIONALE DE FRANCE
3 7502 01131417 8